だいわ文庫

怒らないこと

アルボムッレ・スマナサーラ

大和書房

はじめに

この本のテーマである「怒らないこと」は、幸福な人生を送りたいと願うならば、必ず知ってほしいアイデアです。

とはいえ、本を読んで怒らないことを実践しようと挑戦しても、イライラしてしまったり、腹を立ててしまったりと、なかなかうまくいかないことが普通だと思います。それはあらかじめおことわりしておきます。

世の中には、「三か月で億万長者になる」と言った煽り文句を掲げた本が溢れかえっていますが、実際に成功した人はほとんど見当たりませんね。金儲けに限らず、必死に勉学に励んで研究に打ち込んだところで、ノーベル賞をとるくらいの科学者にはなかなかなれないのが現実です。ならば神頼みだと、いくら神社で祈祷してもらっても、パワースポットを巡礼しても、御朱印帳をコンプリートしてみても、それで人生が好転したという人に出会ったためしがありません。結局、自分の思い通りにならないのが世の常なのです。

思い通りにならないと言えば、自分の心もまた思い通りにはならないのです。「怒らないこと」に頑張っても、やっぱり怒ってしまいます。そういう繰り返しの中で、だんだん面倒くさい気持ちが出てきて、「一瞬で怒らない人間になる方法」などのショートカットを探しはじめるかも。でもそういう安易な発想は、新たな怒りのもとになるだけです。

おもしろくない結論ですが、一瞬で達成するとか、一日で成功するとか、そんな甘い話はあり得ないのです。あり得ない期待を抱くことなく、コツコツと頑張ることが正しい道です。やってみて、失敗したらまためげずに挑戦してみることで、徐々に怒らない人に成長するのです。

そういうわけで、勇気をもって、コツコツ頑張らなければ、「怒り」という病気は根治できません。その現実をまず認めることで、人格を向上する道が開けてきます。「生きることは苦である」というありのままの事実を知ることがブッダの教えなのですから。

怒りには、大きく分けて二種類あります。

一つは自分自身に満足できないことで生まれる怒りです。自分を否定的に見ると、それが強烈な怒りに変わります。皆さん、それを「落ち込む」という言葉で表現しますが、落ち込むことはすなわち怒りなのです。

たとえば、病気で入院するはめになったとします。「仕事を休まなくてはいけない」「好きなものが食べられない」などと落ち込むでしょう。そして、焦燥感にかられて苦しくなります。しかし、病院にいれば周りのみんながお世話をしてくれるし、身だしなみを整えなくても文句は言われないし、食事はしっかり栄養管理されているし、案外と気持ちよく過ごせるものです。

もちろん、病気にかからないように注意して生きることは大切です。健康に恵まれるのは幸せなことです。しかし、もし病気にかかったとしても、それで人の幸せが消えるわけではありません。現実のとらえ方次第で、落ち込むことなくいくらでも明るく過ごせるのです。

もう一つの怒りは、自分自身の希望が叶わないために生まれる怒りです。しかし、先ほどもお話ししたように、世の中は自分の希望通りになんか進みません。自分の思い通りにものごとが運ぶほうがおかしいのです。

たとえば、親子関係。親は子供の幸せを願っています。子供が蚊に刺されることすら認めたくないでしょう。それくらい子供のことを大事にしているのに、子供ときたらどうでしょうか。決して親の言う通りになんか成長しないのです。

いくら子供に「もうゲームはやめなさい」と言ってもやめませんね。子供はこっそり自分の部屋へ行って隠れてゲームをやるのです。ドアを開けて注意したら、今度は、布団に潜り込んでゲームを続けます。親のいいつけに逆らってゲームをやるためなら、子供は脳をフル回転させるのです。血を分けた親子関係すら、そんなものです。人生は何ひとつ期待通りにはなりません。

そういうわけで、いっそ希望は捨てましょう。希望を捨てることは、自分の成長をあきらめることとは意味が違います。誰だって、日々成長しなくてはいけないのです。そこで、だいそれた希望を抱く代わりに、「今日は昨日よりマシな人間になろう」ということに挑戦しましょう。それが現実に即した、着実な成長の道です。今日は昨日よりマシな人間になろうと決めれば、それだけで人は成長します。失望に終わる希望を追い求める、不幸の悪循環から解放されるのです。

日常生活に即して考えてみて下さい。たとえば、電車に乗って、座りたいなあと希望する。でも混んでいて座れないのです。イライラしますね。機嫌が悪くなりますね。それは怒りです。あなたの希望が、不幸な気持ちをつくったのです。次に、なんの希望も持たずに電車に乗ったとしましょう。たまたま席が空いていたならば、気持ちよく座れて楽に移動できます。喜びを感じます。ちょうどそのとき、次の駅で体の弱い人が電車に乗ってきました。「どうぞ、どうぞ」とあなたは席を譲ります。そのまま座って移動するよりも、はるかに大きな充実感を得るのです。立っていてもぜんぜん苦になりません。よけいな希望さえなければ、座れても幸福だし、立つはめになっても幸福なのです。

誰もが「希望通りにいかない」と文句を言いますが、そもそも希望をつくった犯人は自分なのです。希望をつくることはそれ自体がストレスです。失望する恐れが大きいのです。怒るリスクも、不幸に陥るリスクも、相当に高いのです。

たとえば、「明日、雨が降ってほしくない」と希望する。あなたは神にもできないことを望んでいるのです。「上司が怒らなければいいのに」と希望する。あなたは上司のアドバイザーにでもなったつもりでしょうか？　この二つの例をイメージすれば、希望を持つ人は桁違いのバカだとわかると思います。希望を抱いて得られる結果は、怒りの炎で人生を燃やすことなのです。

怒らない人は、最高に幸せです。怒らない人は楽しみに溢れた人生を送ります。怒らない人は、将来を心配して困ることもなくなります。皆さんも「怒らない」という極楽世界の住民になりましょう。

2021年5月

アルボムッレ・スマナサーラ

『怒らないこと』

目次

目次

第2章

怒りが幸福を壊す

目次

第3章 怒らない人

目次

第4章

怒りの治め方

目次

What is anger?

第1章

「怒り」とは何？

What is anger?

「怒り」について誰も知らない

「怒るのは当たり前だ」「怒って何が悪い？」「怒らないなんて腰抜けだ」。こうした言葉を、我々は日頃よく耳にします。

実際、怒っている人の数を数えたら、枚挙に暇がありません。皆さんのまわりにもいるでしょう？　すごく悪い言葉をしゃべったり、人をなじったり、悪態をついたりする人が。最近は「怒るのは堂々とした態度だ」という風潮もあります。けれど「怒り」などという言葉は、本来、気軽に口にできる代物ではありません。「私は怒りました」などと言うのは、「私はバカです」と触れ回るようなものですからね。「怒り」の本当の意味を知っていたら、おいそれとは口にできないはずです。

逆に言えば、「怒り」という言葉をこれだけ頻繁に耳にするのは、たいていの人が怒りについて何も知らないということでもあります。

怒るのは簡単ですが、怒りっぱなしの人生はとても暗くて苦しいものです。楽しく気楽に幸せで生きていきたいという夢を持ちつつも、それが一向に叶わないのは「ポストが赤いのにも腹が立つ」といった調子で、人生が怒り漬けになっているからです。

幸福の仇敵である怒りについて、これから学んでみましょう。

誰も彼もが「怒りたい」

私は、よく「怒りたくないのに怒ってしまう。どうしたらよいでしょうか」といった相談を受けるのです。

答えは明白です。簡単で、完全な方法をお教えします。

それは「怒らないこと」です。

本当は、ただそれだけのことなのです。怒らなければいいのです。

そうでしょう？　怒らなければ怒りはありません。だからそれ以外に答えようがありません。怒らなければいいのに。

ここで「確かにそうです。私は怒りません」という人は、先を読む必要はありません。怒らなければ、幸せになります。

けれど私が「怒らなければよいのでは」と言ったら、ほとんどすべての人が「それができないから聞いているのだ」とムッとするでしょう。

皆さんは実のところ、「私は怒りたい放題、思う存分、勝手に怒ります。でも、怒ってはいけないから、何かいい方法を教えてください」と思っているのです。誰も彼もが、怒りたくて怒りたくて仕方がない。けれど心のどこかで「怒らないほうがいいのでは」と思ったりもしている。自分の気持ちにこうした矛盾があるのですが、そのことに気づいていない。それで「私は怒りたくない」などと嘘をつく羽目になるのです。

そうでしょう？　あなたが怒ったのは、怒りたかったからでしょう？　「怒りたくない」などというのは嘘ですよ。本当に怒りたくないと思っている人は、自らを戒めて注意深く過ごすので滅多なことでは怒りませんし、怒ってしまったら恥ずかしくてシュンとしています。

仏教は、怒りを上手にごまかす方法などに、関心はありません。人生はあまりに短いのです。生きている間に、なんとかして少しでもまともな人間になりたいのです。

あなたは幸福になりたいのですか？

もし本当にそう望むなら、まず「私は怒りたいのだ。ロクなものではないのだ」と認めることです。それから「怒りとは何か」「我々はなぜ怒るのか？」を理解しましょう。問題の解決は、問題の理解から始まります。

What is anger?

人間は「怒り」と「愛情」で生きている

「怒り」についてお釈迦さまの見解を紹介するにあたって、まず「怒り」をきちんと定義したいと思います。

怒りというのは愛情と同じく、心にサッと現れてくるひとつの感情です。

私たちは自分の家族を見たり、自分の好きな人を見たりすると、心の中にすぐ愛情という感情が生まれます。何かを食べる場合、おいしい食べものを見たときも口に入ったときも、楽しい感情が生まれてきます。それは瞬時に起こるのです。怒りは、愛情と同じように人間の心に一瞬にして芽生える感情です。

大雑把にいうと、我々人間はこの二種類の感情によって生きていると言えます。ひとつは愛情の感情で、もうひとつが怒りの感情なのです。

「怒り」が生まれると「喜び」を失う

怒りを意味するパーリ語（お釈迦さまの言葉を忠実に伝える古代インド語）はたくさんありますが、一般的なのは dosa（ドーサ）です。この dosa という言葉の意味は「穢《けが》れる」「濁る」ということで、要するに「暗い」ということです。

心に、その dosa という、穢れたような、濁ったような感情が生まれたら、確実に我々はあるものを失います。それは、pīti（ピーティ）と言って、「喜ぶ」という意味の感情です。我々の心に怒りの感情が生まれると同時に、心から喜びが消えてしまうのです。

ですから、じつは怒りはわかりやすいのです。自分が今怒っているかどうかわからない場合は、「今、私は楽しい？」「今、私は喜びを感じている？」と自問自答してみればいいのです。「べつに楽しくはない」「何かつまらない」と感じるならば、そのときは心のどこかに怒りの感情があります。「退屈だ」「嫌だ」などの感情があるときは、心に怒りがあるのです。「ああ楽しい」「幸せだなあ」「わくわくしている」というときには、怒りはありません。「元気です」というならば、その心に怒りはありません。

このようにして、「怒り」というものを、文字面ではなく、「自分の心に生まれる感情」として把握してください。それによって、怒りというものをある程度認識できます。

「暗い感情」(dosa)が強くなると「怒り」(vera)になる

それから感情には、「どんどん強くなる」という性質があります。強くなってくると働きも違ってきますから、やはり違う言葉を使わなくてはいけません。わかりやすい例を出しましょう。

家庭などで使っている電気は、あってもべつに大した量ではありません。我々のからだにも、小さな豆電球を明るくすることもできないかもしれませんが、微量の電気が流れています。でもその電気も、いろいろな形で集まると働きが変わってしまいます。何百万ボルトぐらいの電圧があって、静電気としてすごいエネルギーになったら、雷という現象が生まれてきます。雷の電気と単三電池一個の電気とではずいぶん違いますが、雷は電気です。電池の電気が自分のからだに入っても、ほとんどなんの影響も受けませんが、家の中の電線に触ったりすると、電気ショックで死ぬかもしれないし、火事になるかもしれません。ですから、同じ電気でも、溜まって圧力が高くなってくると、その働きがまったく違うのです。

怒りについては、どうでしょうか。

「今日は退屈だ。退屈で、退屈で、嫌だ」というときは怒りもあるのですが、それは大した怒りではないかもしれません。

ところが、電気と同じくその怒りもどんどん圧力が高くなってしまうと、危ないのです。自分が爆発してしまうか、その怒りのショックで他人まで壊してしまう可能性があります。同じ怒りでもその度合いが違うわけですから、先ほどの電池と雷を分類したように、怒りを区別しなくてはなりません。

怒りがすごく強くなると、自分の歯もジリジリと噛んだり、拳を握ったり、筋肉が震えたりする。そんな「強い怒り」には、パーリ語は vera（ヴェーラ）という単語を使います。パーリ語には、怒りについてこの他にもまだたくさん言葉がありますす。勉強になりますから、いくつか紹介します。

Upanāha（ウパナーハ）は怨みです。いったん怒りが生まれたらなかなか消えなくて、何日でも何カ月でも一生でも続くことです。

Makkha（マッカ）は、軽視する性格だと覚えておきましょう。いつでも自分のことを高く評価して、他人のよいところを軽視して見る性格です。人の才能・能力・美貌・体力などの長所を認めたくなくて、何か言いがかりをつけて軽視するのです。これも怒りなのです。

Palāsa（パラーサ）は、張り合うことです。他人と調和して仲良く生きることができない。いつも他人と競争し、倒そうとする気持ちで、他人に打ち勝つ気持ちで生きている。まわりの人々に対して挑戦的なので、結果として張り合うことになるのです。これも怒りです。

Issā（イッサー）は、嫉妬することです。他人のよいところを認めたくない気持ちですが、そのエネルギーを自分の内心に向けて暗くなるのです。

Macchariya（マッチャリヤ）は物惜しみです。俗にいうケチということです。ケチであるならば欲張ることではないかと思われるかもしれませんが、本当は違います。自分が持っているものを他人も使用して喜ぶのは嫌なのです。分かち合ってみんなで楽しみましょう、という性格ではないのです。ですから暗い性格です。したがって物惜しみは怒りなのです。

Dubbaca（ドゥッバチャ）は、反抗的ということです。いつまで経っても人は完璧にならないものです。だから我々は他人から学んで、他人の指導を受けて成長しなくてはなりません。しかし、他人から学ぶことは、本当は死ぬまでやらなくてはならないことなのです。しかし、他人にやるべきことをあれこれと言われると受け入れがたく、拒絶反応が起こる。これも怒りです。

Kukkucca（クックッチャ）は、後悔です。後悔するのは恰好いいことだと勘違いしているのです。反省することとは違います。過去の失敗・過ちを思い出しては悩むことです。かなり暗い性格です。性質の悪い怒りなのです。

Byāpāda（ビャーパーダ）は激怒です。異常な怒りという意味でもいいでしょう。何も理由がないにもかかわらず、怒ることです。理由があって怒った場合でも、その怒りは並外れて強烈なものです。人を殴ったり殺したりする場合の怒りは、この怒りなのです。

さていろいろ紹介しましたが、この本ではとりあえずdosaとveraというふたつにしておきましょう。

世の中の破壊の原因は「怒り」

暗い感情、幸福が失われた感情、不幸を感じる感情 dosa があまりにも強烈になると、vera というレベルに上がってきて、じっとしていられません。さらに強くなってしまうと、さまざまな行動の中で、いろいろなものを破壊していきます。まっ先に破壊するのは自分です。自分を破壊して、それで他人も破壊していくのです。世の中の破壊の原因は、怒りなのです。

この世の中にある、ものをつくり上げる創造の源泉は愛情であって、創造したものを破壊していくのは怒りの感情です。それは普遍的な、世の中にある二種類のエネルギーの流れです。

ですから、強いていえば、愛情と怒りはひとつのセットなのです。世の中には、そういうふたつのエネルギーの働きがあります。

仏教は感情を人格化しない

ヒンドゥー教では「ブラフマンは創造する。それからシヴァという神は破壊する」と、きちんとふたつに分けて考えています。人間の感情や行動などすべてには神が宿っている、とヒンドゥー教では信じられていますから、そういうふうに神の世界もふたつに分けて考えるのです。

キリスト教などでは、愛情を人格化して「神」というし、憎しみや嫉妬や怒りを人格化して「悪魔」といいます。そうすると、人間は「やっぱり神さまを拝まなくては」「悪魔と戦わなくては」というふうに、何かを頭の中で想像して、イメージをつくって行動します。それで「神はいるか、いないか」「悪魔はいるか、いないか」と、いろいろなことを考えたり哲学したりして、時間を浪費しているのです。

このように感情を人格化すると、話としてはわかりやすいですが、実践は不可能です。問題を具体的に見ることができません。ですから仏教では、人間の感情を人格化しません。

最初にわかりやすくしようと考えて人格化してしまうと、人間は結局「そういうものは自分とべつに存在しているのだ。自分は誘惑されているだけだ。自分は悪くない」と他人のせいにして、自分を「いい子」にしてしまうのです。「私が悪いのではない」という態度を取るのです。そういうふうにして、自分の心を見ることを避けようとします。そこから大きな間違いが起こるのです。

したがって、「人間の感情を人格化しないように気をつけて、科学的に分析してみなさい」と、仏教では教えるのです。

What is anger?

「ゴキブリが気持ち悪い」のは自分のせい

仏教的に怒りという感情が生じるプロセスを分析すると、こういうことになります。

私たちは目を開けて何かを見る。すると、きれいなバラの花が一本見える。見えたら、「花だ。きれいだ」という楽しい感情が生まれてくる。これは愛情の感情です。

そして目を閉じて、また目を開けた途端、花の上に大きなゴキブリがいるのが見える。

その瞬間に「ああ、嫌だ。気持ち悪い」という感情が生まれてくる。これは怒りの感情です。

この場合、「嫌だ」と思うその感情は誰のせいにすればいいのでしょうか？

「私に怒りが生まれたのは、このとんでもないゴキブリのせいだ。悪いのはゴキブリだ。犯人はゴキブリだ」というふうに決めるか、あるいは、「犯人は自分自身だ」と決めるかという問題です。それを解決しなくてはいけません。

花を見ると、私たちは、「あっ、きれいだ。見ていたい。だから欲しい」と、その対象を受け入れます。私たちが心の中で、ある対象を「いいな、欲しいな、きれいだな」と「受け入れること」を、英語で acceptance、あるいは accept と言います。

でも、ゴキブリが目に入ったら、我々は気分を害し、否定します。「見たくない」「嫌だ」「いてほしくない」「出ていけ」と「拒絶すること」を、英語では reject あるいは rejection と言います。

では、この accept と reject のふたつの働き、つまり「受け入れること」と「拒絶すること」は、いったい誰がやっているのですか?

それは「私自身」です。私たちは、目でものを見て、耳で音を聞いて、からだに世の中のものが触れたりするときに、そういうふたつの判断をしているのです。その対象を容認すればそこに愛情が生まれてくるし、拒絶したらそこに怒りが生まれてきます。

ですから、怒るか否かは個人の人格の問題です。明るく生きるか。あるいは苦しくて、悔しくて、文句だらけの人生になるか。それは、その人しだいであって、それ以外に原因はないのです。

鶏にとってゴキブリはご馳走

バラの花はただ自分の習性で咲いているだけで、バラ自体が、「きれいでしょう。見てください」と頼んでいるわけではないのです。人間が何を思おうが、バラの花にはなんの関係もありません。それを「きれいだ」と思うのは人間の勝手です。

同じように、ゴキブリを「気持ち悪い」と思うのも、人間の勝手なのです。

そもそもゴキブリは、そんなに醜くて、ひどい生きものなのでしょうか？

皆さんはあまり見たことがないでしょうが、鶏はけっこうゴキブリを食べます。鶏がゴキブリを見たら、「これが美味しそうだ、食べてやろう」と思って、そこにacceptanceという現象が生まれるのです。ゴキブリを見た私たちは拒絶して怒るのですが、ゴキブリを見た鶏には「食べるとおいしいんじゃないか」という感情が生まれてくるのです。

バラの花を見ると、私たちには愛情が生まれます。けれど鶏には「なんだ、つまらない。邪魔だ。迷惑だ」と rejection という現象が生じて、怒りが生まれるかもしれません。

感情の物差しは人によって違う

一般的にはどんな人間でも「花はきれいなもの」と思うかもしれませんが、食べものや服装では、文化によって大きな差があります。文化によって、物差しが違うのです。

「女性は、からだを他人に見せてはいけない。からだは醜いから、隠したほうがきれいだ」と思っている文化も世界にはあります。その文化では、からだの七十五パーセントぐらい外に出している人を見ると、みんな気持ち悪くなってしまいます。逆に「からだはできるだけ見せるようにしたほうがきれいである」と思っている文化では、「ああ、すごくきれいだ。美人だ。恰好いいなあ」と思ってしまうのです。

中東の国々では、女性は黒いヴェールのようなものを被って顔を隠して、手の一部しか外に出していません。金のネックレスやイヤリングなどその中にいっぱいおしゃれをしていても、誰にも見えないのです。もしかすると、手だけを見て、あちらの国々の男性は「あっ、きれいな女性だな」「セクシーだな」と思っているのかもしれません。顔も見えないのですから、私たちからは歳取ったおばあちゃんかかわいい女の子か、さっぱりわかりません。みんな同じです。私たちの文化からすれば、「なんのためにきれいに生まれたのだろう」と疑問に思いますが、彼らには当たり前のことです。

刺身は美味か？　残酷か

日本では、伊勢エビはそのまま活けづくりにして、テーブルの上に置いておきます。エビのアンテナみたいな部分がまだ動いていて、目はジロジロとあっちこっちを見ています。でも、からだはぜんぶギザギザに切られていて、もう刺身になっているのです。日本のグルメの方々は、それを見て「ああ、おいしそう」とすごく感動します。

それをインドやスリランカの人に見せてみてください。おいしそう、と思うどころか、あまりにも恐ろしくて逃げ出すでしょう。もう二度と、その人の家でご飯を食べないかもしれません。

インドの考え方からは「生きたまま食べるだって？　そんな残酷なことはやめるべきだ」という強烈な拒絶反応が生まれます。一方、日本では「これは活けづくりと言って、いちばん最高級の食べものだ」というふうに教え込まれているので、愛情が生まれるのです。

テレビで「アフリカの山の中で暮らしている家族を日本に呼んで、生活体験をしてもらう」という番組を観たことがあります。

「山で寝るだけで、贅沢をまったく知らない」と聞いた日本の人は、精一杯面倒を見てあげようと思って、大きな魚を刺身にして食卓に置きました。

するとアフリカの家族は、一人残らず食欲をなくしてしまったのです。山の中でまったく原始的な生活をしているというのに、ご馳走から目を逸らして、「持って行ってください。持って行ってください」と叫ぶのです。一八歳ぐらいの男の子がとくに激しくて、「もう見たくもない。早く片付けてください」と強い拒絶反応を示すのです。日本人の家族はどうしようもなくて、それを台所に引っ込めました。

このように「どのような感情が生まれるか」は、生まれ育った文化によって、大きく異なるものなのです。

感情は、教育とか、育てられる環境とか、マスコミから流れてくる情報とか、そういうものの影響も受けます。我々の善悪判断や、ものを認識する能力は、そういうものにもマインドコントロールされているのです。

「今年はこれが流行っている」と言われると、べつに良くも悪くもないのに「あっ、いいな」と見てしまうということがあるでしょう。たとえば、「黒」はなんの面白みもない色ですが、それが流行ると「黒は恰好いい」ということになって、街中が黒くなります。「今、流行っているのはこの色だ」となると、みんな見る角度を変えて「ああ、きれいだ。美しい」と思って、愛情の感情をつくるのです。

自分を直せば、幸福に生きられる

このように感情というものは、外部から大きな影響を受けますが、それもこれもひっくるめて、やはり根本においては個人しだいです。「怒るのも、愛情をつくるのも、その個人の勝手である」ということを、まず理解してください。怒るのは誰のせいでもありません。「怒るのは私のせい」なのです。

逆に言えば、我々にはわずかな見込みというか、光があるのです。

それは「自分を直せば、怒りの感情を完璧に追い払ってしまい、愛情の感情、あるいは幸福の感情だけで生きていられる。その可能性が十分ある」ということです。人間として生まれてきたからには、そのような本物の幸福を目指すべきだ、というのが仏教の考えです。

What is anger?

「私は正しい」と思うから怒る

怒らないほうがよいとわかっているのに、我々はなぜ怒るのでしょう。

いつでも、我々には「こういうことで怒ったのです」という理由があります。その理由をひとつひとつ分析してみると、「自分の好き勝手にいろいろなことを判断して怒っている」というしくみがあります。

人間というのは、いつでも「私は正しい。相手は間違っている」と思っています。それで怒るのです。「相手が正しい」と思ったら、怒ることはありません。それを覚えておいてください。「私は完全に正しい。完全だ。完璧だ。相手のほうが悪いんだ」と思うから、怒るのです。

他人に怒る場合は「私が正しくて相手方が間違っている」という立場で怒りますが、自分に怒る場合はどうでしょうか。

そのときも同じです。

何か仕事をしようとするのだがうまくいかないという場合、すごく自分に怒ってしまうのです。

たとえば「自分がガンになった」と聞いたら、自分に対して「なぜ私がガンになったのか」とずいぶん怒るのです。「なぜこの仕事はうまくいかないのか」「どうして今日の料理は失敗したのか」とか、そういうふうに自分を責めて、自分に怒る場合もあります。「私は完璧なのに、なぜ料理をしくじったのか。ああ嫌だ」「私は完璧に仕事ができるはずなのに、どうして今回はうまくいかないのか」と怒ります。

「私こそ唯一正しい」が人間の本音

この「私は完璧だ。正しいのだ」という考え方は、道理にかなったものなのでしょうか？

もし私がどなたかに「本当に、あなたは完璧な人なのですか。自分がまったく正しいと思っていますか」と聞いたら、「いえ、とんでもない。私はぜんぜん、そうは思っていませんよ」と言うのです。

ところが私が「ああそう。じゃあ、あなたはただのバカですね」と言ったら、すぐに怒りだすのです。

ですから、そこに矛盾があります。

人前では建前として、「私はダメだ。ダメな人間だ」と一応謙虚さを見せながら、心の中では、「絶対そうじゃない。私こそ、唯一正しい人間だ。ほかの連中はいい加減で、間違っているんだ」というように考えているのです。

たとえば、母親が子供を怒ったり、あるいは先生が生徒を怒ったり、あるいは上司が部下を怒ったりします。

子供や生徒や部下は、何か間違っているかもしれません。それで怒って叱るのですが、そのとき我々は「あなたは間違っていることをやったから」と、自分の怒りを正当化します。

相手が間違っているのなら、「それはこういうことで間違っていますよ。だから二度と間違わないようにしましょう」とニコニコ顔で言えば、本当はそれですむはずです。

それなのに、なぜ怒るのでしょうか。

そのときも、「自分は正しい。自分の言葉も正しい。自分の考え方は正しい」という概念が頭にあるのです。

「私は間違いだらけ」だとわかると怒らない

けれど私たちの心にある「私は正しい」という思考は間違いです。それを「私が正しいはずはないのだ」と訂正することです。「私は完全だ」「私は正しい」というとんでもない考え方は、一刻も早く捨てたほうがよいのです。

ちょっと考えてみてください。人間が完全であるはずがないでしょう？

物事を正しく判断できる知識人であるならば、「私はけっして正しくはない。今はこういう意見を言うのだけれど、それもやっぱり隙だらけだ」とわかっています。言葉も完璧ではないし、自分が使っている単語も、比喩も完璧ではないし、何ひとつも完全にできないのです。

たとえ、子供や生徒や部下が間違いを犯したとしても、自分のしゃべり方が間違っていたのかもしれません。そうすると、どちらも間違いを犯していることになります。

ですから、「自分が正しいという考え方は、非合理的で、非真実で、嘘で、あり得ないことだ。このあり得ないことを頭で徹底的に信じている自分ほどの大バカ者は、世の中にいない」とはっきりと理解したら、もう怒らなくなってしまうのです。「私は正しい、とは言えない。私は不完全だ。間違いだらけだ」ということが心に入ってしまうと、もうその人は二度と怒りません。

What is anger?

言葉は正しくない

私たちのテーラワーダ仏教では、「この世の中に、お釈迦さまほど完璧な人間は現れません」というふうに信じています。どのような研究をしてみても、我々には、やっぱりお釈迦さまのほうが優れていると見えてしまうのです。皆さんは信じても信じなくても、それはかまいません。

お釈迦さまが「人としゃべるときに、どのように言葉を使うべきか」ということにすごく気をつけていたことは、お経を見るとよくわかります。いい加減な言葉を使わないで、たいへん真剣に言葉を選んで話していました。

それでも、言葉自体が不完全だから、誤解を招いたことがあるのです。

ある人に「ひと言、ふた言であなたの教えを説明してください」と言われて、お釈迦さまは「はい、わかりました」と、三つか四つぐらいの言葉で自分の教えを説明してしまいました。

しかしそれでは、相手がわかるわけはないでしょうね。相手はわからなくて腹が立って「なんで、わけのわからないことを言うんだ」と言って帰ってしまったのです。

普通の人だったら「短く言ってくれと頼んだのはあなたのほうでしょう」と怒るところでしょうが、お釈迦さまは怒りませんでした。

そして、比丘《びく》（出家僧）たちの前で「こういう人が来て、こういう質問をしてきたので、私はこういうふうに答えた。その人はわからなくて、ベロを出して帰っていった」と、なんのことなく説明したということです。

このエピソードの中に見えるのは、たとえお釈迦さまでも、完璧にしゃべるということができるわけではない、ということです。お釈迦さまはそれを知っていて、「この人が怒って、ベロを出して私をからかって帰るのは当たり前だ」と、それ以外のことはべつに何も思わないのです。「私はこんなにきちんと言っているのに、なんであなたは理解しないのですか」というふうには怒りませんでした。

普段、お釈迦さまは、お坊さんたちが「お釈迦さまがおっしゃったことにはどういう意味があるのか、説明してください」と頼むと、それは深い話ですから、と延々と説明するのです。

普通、母親というのは、「あなたは、何回言ったらわかるのですか」と怒りますね。何かについて「あれをやりなさい」「これはやってはいけない」などと繰り返して言います。

それでも子供は聞いてくれません。何回言ってもわからないこともあるでしょうが、もしかするとそれは、自分が言っている言葉が正しくないからかもしれません。

じつは「言葉は正しくないかもしれません」ではなくて、「言葉は正しくない」のです。言葉は不完全ですから、完全に正しいということはあり得ません。その言葉を、不完全な我々が精一杯に選んで話したところで、これまた不完全な相手にうまく伝わる保証など、どこにもないのです。

優しくしても、嫌われて当たり前

奥さんが夫婦仲良くしようと思って、精一杯頑張ることがあります。精一杯頑張るのはいいのですが、それは正しいやり方でしょうか。相手のことを心配してあまりにも面倒を見すぎると、かえって嫌われる可能性があります。奥さんが「男性というのは優しい人に惹かれるのだから、私はこの人にとことん優しくしてあげよう」と思っても、旦那さんの性格によっては気持ち悪く感じるかもしれません。どんな結果になるかは、誰にもわからないのです。それはどちらの側も完全ではないからです。

「私はずっと優しく旦那の面倒を見てあげたのに、あの人は家を出て行った」というときは、「自信がありますか。完全に、自分のするべきことをやったのですか」と自分の心に聞けば、「そうではない」ということが見えてくるはずです。そうすると「精一杯頑張りました。結果は、あまり自分の希望通りにはいっていない。でも悔しくはない。なぜならば精一杯頑張ったのだから」ということになるでしょう。

努力はしても、結果は求めない

精一杯努力するのはべつに悪いことではなく、むしろ良いことです。

でも、それに完全な結果を求めるのは間違っています。自分の都合のよい結果を求めるのは、人間の途轍《とてつ》もない無知です。世界はあなたの都合など知ったことではありません。だから「うまくいってほしい」という態度は完全に無知なのです。そんな希望はさっさと捨ててしまったほうがよいのです。「自分は完全ではないし、他人にもけっして完全な結果を求めない」という思考が、この世の中で我々が落ち着いて生きていられる秘訣です。私も、他人も、誰も完全ではありません。「完璧にうまくいく」ということは、あり得ないのです。

もちろん、物事をいい加減にしてしまうのはよくありません。ベストを尽くすのは当たり前で、「一応、精一杯やりますけれど、結果はわかりません」という知識的で、高度な生き方がよいのです。このように生きるなら、怒りの現れる余地はありません。

「自分は完全だ。完璧だ」と思う無知な人は、自分の思い通りに事が運ばないからと始終怒って、そのたびにひどい目にあっています。それはバカバカしいでしょう？　どう見ても、すごく無知な生き方をしているのです。

What is anger?

怒る人々が思うこと

「どのようにして怒りが生まれるか」について考えてみましょう。

ここは真剣に理解しようとしないと役に立ちませんよ。「豆知識みたいなものだろう」と聞き流すようでは、けっして幸福はつかめません。

瞑想実践のとき私は、「なんでも客観的に見てください」と言っていますが、お釈迦さまの教えを理解する場合は違います。お釈迦さまの教えは、徹底的に主観的に見ると、すぐその場で幸福を感じられ、解脱《げだつ》の道に入ることができます。ですから「これは自分のことなのだ」とものすごく真剣に心に入れて、かみ砕いて理解しないといけないのです。

さて、怒る人々はこのように思います。

Akkocchi《アッコッチ》 maṃ《マン》 avadhi《アワディ》 maṃ《マン》 ajini《アジニ》 maṃ《マン》 ahāsi《アハーシ》 me《メー》,

Ye《イェー》 taṃ《タン》 upanayhanti《ウパナイハンティ》 veraṃ《ヴェーラン》 teasṃ《テーサン》 na《ナ》 sammati《サンマティ》. (Dhammapada《ダンマパダ》, 3)

Akkocchi ＝きつい言葉でののしること／maṃ ＝私を

「あの人は私をののしったではないか」「この人が私をののしったではないか」ということです。

Avadhi ＝痛める、いじめる／maṃ ＝私を

「あの人々が私をいじめているではないか」ということです。我々は、他人からいろいろなことで精神的にも肉体的にもいじめられることがあります。他人にいじめられたり痛めつけられたりしたら、「あっ、この人々は私を痛めつけた。私をいじめた」というふうに思います。

Ajini maṃ ＝私に勝った

いろいろな人生競争の中で自分が負けたときに、「この連中に負けた」または「この人々が私に勝った」ということです。英語では They defeated me. または I was defeated by them. ですね。defeat は「負かす」です。

Ahāsi me ＝自分の持っているものを持って行った。私のものが盗られた。

「自分の物なのに、なぜ盗るのか」ということです。

ののしられたら怒る

「akkocchi maṃ」「avadhi maṃ」「ajini maṃ」「ahāsi me」を、それぞれもう少し詳しく説明します。

Akkocchi maṃ というのは「ののしった」という意味です。

こういうことは、昔も今もこれからも、世の中にあるのです。人間は、他人がしゃべっている言葉を聞いて、「自分はののしられている」「私を批判している」「軽く見ている」「評価していない」「この人は私のことを無視している」「バカにしている」と、そういうふうに思うのです。

そう思うときに、気持ちは幸福ですか？「私をバカにしているみたいだ」と思うと幸福ですか？

気持ちよくありませんね。「私を完全に無視しているんだ」「私をけなしているのだ」「私を軽視しているんではないか」と思うと、気持ち悪くなります。そして、そういうふうに思っただけではなくて、そのことをずっと覚えておきます。勉強したことなどは、すぐに忘れるのに。私の話でも、皆さんはすぐにぜんぶ忘れてしまいます。役に立つ言葉なら簡単に忘れてしまう性格ですが、私たちは他人に嫌味などを言われたら、一生忘れないのです。その時に限って、物覚えが素晴らしいですね。

いじめられたら怒る

Avadhi mam というのはからだを痛めつけられること、暴力を受けることです。学校では肉体的ないじめがありますが、大人になってもいじめはなくなりません。互いにいじめたりします。それは男性だけではなく、女性もよくやるのです。いろいろなことで他人をいじめますし、いじめられた側はそれを覚えておいて絶対に忘れません。これは人間の自然なやり方です。親切にされたことなどはものの見事に忘れるのです。かわりに、いじめられたことだけ石に刻んだ字のごとく、生涯覚えておく。それで苦しむのは、かつて被害を受けた自分自身なのです。いじめた側が苦しむわけではありません。いじめる側に相手を生涯苦しませる意図はまったくないのです。私は「忘れないで覚えておくのなら、勝手にどうぞ。けれどあなたは不幸になりますよ」としか言えません。ほんのわずかなことでも、「あの人は私をいじめた、傷つけたのだ」と思うようになると、怒りが生まれてきます。

負かされたら怒る

Ajiin mam というのは「(彼が)私に勝った」ということです。世の中というものは競争の世界だから、誰かが勝って誰かが負けるのです。商売の世界でも、「自分だけが儲かる」ということはあるわけがない。儲かったり、損したりするのです。入学や入社の試験の場合でも、選抜する試験だったら、みんなが選ばれるわけではありません。誰かが落ちるのです。

ですから、我々は常に負けることを味わわなくてはいけないのです。それを嫌だ、と思ったら、この世の中では生きていられません。生命というのは競争の論理で成り立っているのだから、誰かが成功すると、誰かが確実に負けなくてはいけないのです。たとえ幼稚園の二〇メートル競走であっても、いちばんになる子もいて、ビリになる子もいるのです。それは避けられない現実でしょう。

その人が勝ったのは本人の才能や能力のお蔭であって、自分にはそういう才能や能力がなかったから負けたのです。それはどうしようもないことです。それなのに負けた人は「あの人さえいなければ、私はその仕事をもらえたのに」とか、「この学生とこの学生とがいなかったら、私は合格するのに」とか思ったりします。

女性二人が一人の男性と仲良くしているとします。その男性が、二人とは結婚できないので一人を選びます。

すると、もう一人の女の人は憎しみや痛みや苦しみや強烈な怒りを感じます。私も、実際にそういう話を聞くことがあります。「あの女は本当にずるいのです。いろいろずるいことをして、あの男をつかまえたのです。本当は、私のほうがもっとその人のことを心配しているのに」とか、あるいは「私はあまり、おしゃれとかの外見で人を騙そうとはしなかったのです。でも、あの女は毎日いっぱいおしゃれしたりして、見せかけであの男を騙したのです」とか言うのです。

それは結局のところ、怒りでしょう。その場合でも、競争だから、一人が勝って一人が負けた。ただそれだけのことです。そして、それは避けられないことなのです。

我々のおかしいところは、「競争しよう、競争しよう」と言いながら、負けると「負けて悔しい」ということなのです。負けて、どうして悔しがるのでしょう？　競争するのだから、勝ちも負けもあって当然です。どちらでもそのまま受け入れればいいのですよ。でも、そうはしません。だから負けると、怒りが登場するのです。

盗まれたら怒る

Ahāsi me というのは「私のものを盗んだ」いうことです。これもまた、世の中ではよくあります。「騙されてお金を取られた」あるいは、「あの会社は落札でずるいことをして、仕事を横取りしたのだ。裏でお金を使って、それで私たちは負けたのだ」と、損得のことでまた怒ります。

What is anger?

嫌なことを反芻してさらに不幸になる

赤ちゃんは、花を見たら笑うし、お母さんにきつく言われたらすぐ泣くし、それで終わってしまいます。すごく心の中はきれいです。過去の嫌なことを、ぐちゃぐちゃと反芻《はんすう》したりはしません。誰の頭も、赤ちゃんのように柔らかでいてほしいのです。

でも、大人は違います。嫌なことをしつこく覚えておいて、思い出したりして、そういうろくでもない概念をまた延々と回転させるのです。

そういう回転がはじまると、どうなるでしょうか。

Ye taṃ upanayhanti veraṃ tesaṃ na sammati.

Ye ＝誰かが／ taṃ ＝そのように／ upanayhanti ＝怨み続ける／ tesaṃ ＝彼らの／ veraṃ ＝瞋恚《しんに》／ na sammati ＝収まることはない、消えることはないつまり「私をののしった。私に迷惑をかけた。私をいじめた。私に勝ってしまった。私のものを奪った、といちいち頭の中で考えて怨み続ける。頭の中で悶々と考えている。悩んだり悔しがったりする」ということです。だいたい暗い人々は、こういうことをしています。いつでも頭の中で「人に負けた」とか「悔しい」とか、いろいろなことを考えているのです。

このようにして怒りが生まれるのです。怒りはどんどん膨張して、他人を破壊する前にまず自分を破壊して、不幸を味わってしまいます。

くだらない妄想概念が怒りをつくる

ここで私の個人的な経験をお話しします。私はあまり日本語を知らないので、微妙なニュアンスに気づくことなく、きつい言葉とか間違っている言葉とかをいろいろと遣います。しかし、皆さんに幸福と喜びの道を理解してほしくて話しているつもりです。たまに単語を間違えても、話の本意を理解して喜んでくれるだろうと期待もしています。しかし、人間の心には、都合の悪いことだけ覚えておいて、役に立つことはけろっと忘れるという法則があるのです。そこで一部の方々は、私が間違って遣った言葉だけ絶対に忘れることができず、侮辱されたような気分になって、幸福を感じるどころか嫌な気分になってしまうことがあります。真面目に日本語の勉強をしない私にも落ち度がありますが、私だけ悪いとは言い切れませんよ。

そういう性格だから、人間は「不幸そのもの」になっているのです。良いことや役に立つことだったら、覚えていてもいいのですが、それはさっさと忘れてしまう。一方で、相手が間違ってちょっと言い過ぎたことや、気がつかないでちょっと言って気に障ったことだけを、徹底的に覚えています。考えれば考えるほど、どんどん怒りの感情が生まれてきて、からだを壊して、自分の幸福が消えていきます。悪口を言ったのは私かもしれませんが、その言葉を聞いた人は失礼な言葉をずっと想い続けていてひどい目にあうし、自分の家族や仕事の仲間など、みんなの幸福も奪ってしまって、他人もひどい目にあわせてしまうのです。

「ののしられた」というのも、「いじめられた」というのも、「負かされた」というのも、「盗まれた」というのも、ぜんぶくだらない。このくだらない妄想概念を反芻して膨らませて不幸の塊になるのは、最悪です。だからたとえわずかでも、我々の頭の中にこうしたくだらない妄想概念をつくらないようにすることです。それが怒らない秘訣です。

エゴが妄想概念をつくる

このような怒りの原因となる妄想概念をつくりだすものはなんでしょうか？それは「我＝エゴ」です。エゴがなければ、怒りはそもそも成り立ちません。エゴは「私」「俺」という固定概念のことです。人間は自分のことを「これ」と指差せる確固たる存在だと思っていて、疑いません。この我々がしがみついている固定概念がすなわちエゴです。エゴから生じる「私はこれをやるべきだ」「私は偉いのだ」「私を認めてくれなくちゃいけない」などというくだらない思考は、幸福の大きな妨げになります。

「私は男だ」と強く思ったら女性を差別しますし、逆だったら男性をバカにするでしょう。「私はがんばって勉強して、立派な大学を出たから偉い」と思ってしまったら、他の人をバカにしようとします。

でも、結局バカを見るのはそう思っている本人のほうです。いくら頭が良くて能力があっても、人をバカにして、言うことを聞こうとしなければ、人間関係はうまくいかなくなります。就職した会社でも独りぼっちになってしまいます。それで心が暗くなって能力はますます発揮できなくなってしまう悪循環に陥って、その後もずっと不幸だらけというわけです。「勉強がよくできて東大まで卒業したのに、それからの人生は不幸だらけ」という人がけっこういますが、それは不思議でもなんでもないのです。

エゴ→無知→汚れ→怒り

「私は男だ」「若いのだ」「中年だ」「老人だ」「私は課長だ」「社長だ」「部長だ」。よく考えてみれば、ぜんぶ大したことではないでしょう？　社長だからなんなのですか？

そもそも「私は何々だから」と思うところから、世の中のすべての問題が生まれるといっても大げさではないのです。それさえ捨てれば、問題はすべて解決します。幸福になりたいなら、エゴなんてないほうがいいのです。

仏教では、正しいことを実行することがいちばん大事なのであって、「部下だから」とか、「課長だから」「社長だから」「家の主人だから」とかいうことは一切関係ありません。気にするべきなのは、「その行動が正しいか正しくないか」という点だけです。

たとえ子供でも、正しいことを言ったらみんなで認めて実行するべきです。「子供のくせに、生意気ではないか」などと言う人がいたら、その人こそ無知な間違いを恥ずかしく思うべきなのです。

怒りを考えるうえで、エゴはいちばん大きな問題です。そして、エゴというのは一度つくったら、いろいろなゴミがついてくるやっかいなものです。エゴから無知が生まれ、ありとあらゆる汚れがついてしまうのです。そしてその汚れは、外からの攻撃を受けると怒りに変わるのです。

怒り癖はなかなか取れない

そして、エゴが強い人の周囲は敵ばかりになります。世の中や他人を敵にまわす原因は、我々が自分でつくっているエゴなのです。「ここに私がいるんだ」「私は何々さんだ」「私は会社の何々部長だ」「私は課長だ」とか、「私は女性だ」「私は男性だ」などと、「私」に対していろいろな概念を使っているから、他人と接触して、そういう概念が壊れたときに怒りが生まれます。そして、この怒りがやがて「怒り癖」として身についてしまうと、もうなかなか取れないのです。

女性に「お茶を入れて」と頼んで嫌そうにされると、「あんたは女だろ。女がお茶を入れるのは、当たり前だ」などと平気で言うバカな男をたまに見かけます。その上、自分が命令したことを丁寧にやってもらえないと、また怒るのです。「私は上司だから、部下が自分の言うことを聞くのは当たり前だ」などという理屈もよく耳にしますが、誰がそんなことを決めたのですか。それもただのエゴです。もしも上司がバカだった場合、本当に部下が素直に言うことを聞いてしまったら、みんながひどい目にあうのですよ。

こういう人は「女だから、部下だから、こういうことをしなくてはいけない」と当然のように考えるのですが、誰がそんなことを決めたのでしょう？　それは、エゴから生まれる無知そのものです。完全に頭が狂っています。そういう場面を見ると、私も同じ男として恥ずかしくなってしまいます。

次の章では、こうした怒りを放っておくとどうなってしまうのか、詳しくお話ししましょう。

Anger makes you unhappy.

第2章

怒りが幸福を壊す

Anger makes you unhappy.

拒絶のエネルギーが強烈になると……

我々が、何かを見たり聞いたり、味わったり嗅いだり、それから考えたりしたものに対して生まれる「嫌だ」という拒絶の感情が怒りです。「これは食べたくない」とか「あの人とはしゃべりたくない」とか「あっちへは行きたくない」とか思うエネルギーを「怒り」というのです。

拒絶のエネルギーが強烈になってくると、ひどいことになります。「あの人とはしゃべりたくない」とか「つき合いたくない」と思うくらいであれば、まだわずかなエネルギーですが、「見たくもない」とか「いてほしくもない」とまで思うようになると、それはすごく強烈な力を持つようになるのです。

それがどんどんエスカレートしてしまうと、「あの人は今、自分の目の前にはいないが、この日本のどこかに元気でいることが我慢できない」となって、どうにかしてその人を殺そうとまで思ってしまうのです。

人間の怒りというものは、そこまでエスカレートしてしまうのです。自然も社会もなんでも破壊することだってできてしまうのですよ。

しかし、「怒り」というのは、その人の心の中から生まれてくる感情ですから、ひとつだけは言えます。

「自分を直すことができれば、怒りから逃れることができる」

そう、やっぱり自分しだいなのです。

怒るのは仕方がないこと？

こういうふうにお話しすると、「自然に生まれてくるのが感情なのだから、いいのではないか」と言う人もいるでしょう。花を見たら「きれいだ」と思う。ゴキブリを見たら「嫌だ」と思う。さばいてある豚の肉を見たら「ああ、おいしそう」と思うけれど、蛇を殺してぶつ切りにしているのを見たら「ああ、気持ち悪い」と思う。「そんなの当たり前だ」と思う人も多いはずです。

日本ではよく豚肉を食べますが、同じアジアである中国や韓国にくらべると、頭や足を食べることは少ないですね。焼いた丸ごとの豚の頭がテーブルに出てきたり、豚の足がそのままの形で料理してあったりしたら、どうでしょうか。べつにはっきりした理由があるわけではないのですが、あまりいい気持ちにはならないし、何か食べる気にはならないでしょう?

でも、だからといって「そう思うのは自然なことだ。怒るのも愛情が生まれるのも、人間なんだから仕方がないじゃないか」と、自分の感情を無条件で肯定してしまうと、どうなるでしょうか?

「そのままでいいんじゃないか。本能だから、怒るのも仕方がない。人間なら怒るのは当たり前だ」と思うまで半歩もありません。それでほとんどの人は自分のこともあきらめて、「私はすぐ怒りますよ。それは人間の本能だから、仕方がないんです」と開き直っているのです。

たしかにそれはそれで人間の考え方のひとつです。「怒りは人間の本能的な感情だから、自分が怒るのも悪くない」と決めてしまえば、何も努力しなくていいのだから、ややこしいことはありませんね。

「怒りの人生」に喜びはない

でも、問題があるのです。もしある人が、いつも怒っている性格だとしたら、その人は一生何を感じることになりますか？

「怒り」が生まれると「喜び」を失うということは、前にお話ししましたね。ですから、その人はずっと不幸を感じることになるのです。せっかく人間に生まれたのに、わずかな喜びもまったく感じない、文句だらけの不幸な人生なのです。

それは、ちょっとかわいそうではないですか？「それはあなたの性格だから仕方がない。そのままでいいのですよ」と突き放してもいいのですが、やっぱりかわいそうでしょう？

人間には、仕事をする喜びや子供を育てる喜び、元気で頑張る喜び、みんなと仲良くする喜びなどの「生きる喜び」というものがいくらでもあります。それに今の世の中には、おいしいご飯を食べたり、どこかに旅行に行ったり、きれいな服を着ておしゃれをしたりする喜びや楽しみもあります。いつも怒っている人には、そんな喜びがすべて関係ないものになってしまうのです。

たとえば、文句だらけの人と一緒に旅行や食事にでも行ってみてください。その人はきっと、こちらまで苛立つほど文句ばかり言って、何ひとつも喜びを感じないはずです。まわりから何ひとつも喜びを感じようとしないから、普通は楽しいはずのことをしていても、やっぱり不幸なのです。そして、一緒に行く人まで楽しくなくなってしまうでしょう？　だから、そういう人はまわりの人にとっては、このうえない迷惑です。「怒るのは本能だ」と放っておくわけにはいかないのです。

人間は喜びなしでは生きられない

喉が渇いてるときには一滴の水でもありがたいものです。

人間が感じる幸福も、それと同じです。

生きるというのは、このからだを支えているのですから、それだけでたいへんです。その苦しい人生の中で、我々には一滴の水のようなちょっとした喜びがあります。仕事をしているときは、苦しくても「仕事をしているんだ」というちょっとした充実感や幸福感、うまくいったときの達成感があります。子供を育てることもたいへんですが、そこには「すごくかわいい！」「私の子供なんだ」という愛情、成長を見る喜びがあります。

だからこそ、頑張れるのでしょう？　そんな喜びも捨ててしまったら、人間は人間らしく生きていられなくなるのです。

Anger makes you unhappy.

怒りが私たちの命を脅かす

「怒りは本能なんだから、仕方がないんだ」と現状に甘えるのはたいへん危険な道です。それは「まあいいんじゃないか」と努力しないで、怠けることなのです。そういう状態を、仏教用語で「放逸《ほういつ》」といいます。

「怒りは感情だから、本能だから仕方がない」と怠けて放っておくと、どうなるでしょう？

それは明々白々です。今の世の中がまさにそんな状態なので、調べるまでもありません。現代の人類社会では、みんなが怠けて、いろいろなことを放置しているのです。

今、我々の命は危険にさらされています。食べているものが安全か、吸っている空気が汚染されていないか、飲んでいる水は本当に飲んでいいものなのか、自信がありますか？　わからないでしょう。

今は、陽の光に当たることさえ怖い時代なのです。そう考えると、この先も生きていられるかと不安で仕方がありません。

破壊的な行動をする人もたくさんいますから、いつどこで戦争が始まるかわかりません。今この瞬間も、人間はどんどん恐ろしい大量破壊兵器を研究開発しています。地球の財産の大半は、人を殺す武器の開発に使われているのですよ。

そういうものをちょっとでも使ったら、人類は終わりです。使おうとしなくても人間がつくる機械ですから、完璧に安全ということはあり得ません。だからそのような大量破壊兵器が存在するというだけで、人類は大きな危機にさらされているのです。

今、ほとんどの武器はリモートコントロールシステムで遠隔操作しています。こちらから電波信号を送るだけで、爆弾やミサイルが自分で起動して出ていってしまいます。世の中は電波だらけですから、もしそういう機械が電波を受けて混乱したり、自動的に起動したりしてしまったら、どうなるでしょう？

「ハイテク機器が誤作動するなんて、絶対あり得ない」「日本の原発は、世界一安全水準が高いから安全だ」。皆さんご存知のように、そういう言説は真っ赤な嘘です。人間のすることなんて、しょせん穴だらけです。それを認めない人のすることは、なおのこと危ない。信じたらひどい目にあいます。このように、我々はなんの危機感もなく破壊的な道具をつくったり破壊的な思考を持ったりするのです。ですから我々は「怒りは感情だから仕方がない」と放っておいてはいけないのです。

「正しい怒り」は存在しない

怒りを放っておくと、我々一人ひとりの命にかかわります。怒りをコントロールしなければ、誰一人として幸福になれないのです。だから我々は、あまり自分に甘えないで、怒りが生まれないように性格を調整するべきです。

ここで間違えないでほしいのですが、怒りが生まれないようにすることは、「怒りと戦う」こととは違います。怒りと戦おうとする感情もまた「怒り」なので、良くないのです。そうではなくて「なんとかして、怒らないような人格を育てよう」ということなのです。

正義の味方になるためには悪人を倒さなくてはなりませんね。では、人を倒したり殺したりするために必要なのは何かというと、「怒り」なのです。

ということは「正義の味方」という仮面の下で、我々は「怒り」を正当化していることになります。正義の味方は「悪人を倒してやろう」などと、わざわざ敵を探して歩きまわるのですから、よからぬ感情でいっぱいというわけです。

正義の味方までいかなくても、そういう「何かと戦おう」という感情が強い人は、すごくストレスが溜まっていて、いろいろな問題を起こします。

本来楽しいはずの勉強でも、「テストでいい点数を取りたい」「受験戦争に勝ちたい」「ライバルに差をつけたい」という気持ちになってしまったら、そこにあるのは怒りです。どうして戦うのでしょう？　戦うからうまくいかなくて、苦しくなってしまうのに。

「悪に向かって闘おう」「正義の味方になろう」というのは仏教の考え方ではありません。「正しい怒り」など仏教では成り立ちません。どんな怒りでも、正当化することはできません。我々はよく「怒るのは当たり前だ」などと言いますが、まったく当たり前ではないのです。

「殺してもいい」は成り立たない

ここで私が独断で考えたエピソードを紹介します。大乗仏教では、「発心《ほっしん》、菩薩の心」という考えがあります。「菩薩」を「悟りを求める者。自らを救うより、他人を救うことに努める者」としています。ということは、現代風にいえば「正義の味方」ですね。そこで、菩薩が真剣真面目に自分の誓願を実行しようとしたと想像してみましょう。

菩薩はまず、「では、私がこの悪い連中を倒してしまったらどうか。世の中に悪いことばかり起こす連中はいたって迷惑だから、みんなのために殺してしまったらどうか」と考えます。

でもすぐにこう考え直します。

「私はどれぐらい人を殺せばいいのだろうか。どれぐらい殺せば、この世から悪い連中はいなくなるのだろうか。もしかしたらすべての生命を殺さなくてはいけないのではなかろうか。もしそういうことであれば、そんなことをするよりも、その『悪い連中を倒したい、殺したい』という私の心のほうを直したほうが早いのではないだろうか」

ここで言っていることを考えてみましょう。

人間は誰しも、心のどこかに「あの人は悪人だから、死んで当然だ」という考えを持っているものです。

でも、「悪人はみんな、死んで当然だ」という理屈にしたがうなら、どれぐらいの人が死ねばいいと思いますか？

結局、それは人類全体を破壊するということになってしまうのではないでしょうか。

では逆に完璧な善人はどうかというと、これもいませんね。

ですからちょっと考えれば、「完璧な善人だったら、いてもいい。あなたは悪いことをするんだから、死んでもいい」というのが、とんでもない暴論だとわかるでしょう。

不正な行動をした政治家を「政治家にふさわしくない」と決めつけて、国から追い出してみてください。そうすればきっと、政治家は一人もいなくなってしまうでしょう。現実の世の中は、そんなものです。

どこまでも赦してあげてください

キリスト教のイエスさまにも似たような有名なエピソードがあります。
「不倫をした女は石で殴って殺す」というユダヤ教の戒律にしたがって、人々が不倫した女の人を捕まえたときのことです。人々はその人を柱に縛って、石をぶつけて殺そうとしていました。不倫した女は処刑に決まっているというわけです。

そこにイエスが現れて「あなたがたは何をしようとしているんですか」と聞きます。「この女は不倫をして旦那を裏切った。だから、我々が神さまの教えにしたがって、石で殴って殺すのだ」と人々は答えます。

するとイエスは、「よくわかりました。では、最初に何も罪を犯してない人から石を投げてください」と、言って去ったのです。

その言葉を聞いたとたん、誰も石を取ることができなくなってしまいました。それでこの女性の命は救われたのです。

このイエスの言葉は真理です。「悪いことをしたのだから、その人には罰を与えても当然だ」という思考は、本当におかしいのです。「殺してもいい」などという物差しは、どこにも存在しないのですから。

ここでイエスが言っていることは、つまり「赦してあげてください」ということです。どこまで赦すのかというと、「どこまでも」です。赦しにはリミットがないのです。「その教えは、間違いなく正しくて、それで幸福が得られる。神の世界が自分に現れる」と言っています。「神の世界」は「幸福という状態」のことですね。

たしかに、「人が何をしようとも、どうなろうとも、私はその人を赦します。その人を拒絶せず、愛情を持ちます」とすべてを赦す気持ちになれたら、その人の心は愛情と幸福だけでいっぱいになってしまうのです。その状態を、キリスト教では「神」と呼び、他の宗教では別の言葉で表しています。その単語自体はあまり意味を持ちません。大切なのは「赦す」という行為なのです。また、人の感情を神格化しない仏教は、単純に「慈しみ、赦す」という言葉を使います。

Anger makes you unhappy.

怒りは自分を焼き尽くす「火」

怒りは我々にいろいろな悪影響を与えています。

「怒ると不幸になる」ということは、説明しましたね。それを認識するのは簡単です。怒っていると、気持ちが悪いですね。退屈なとき、気持ちがいいですか？最低な気分でしょう。心に怒りがあると、人間は不幸なのです。逆にウキウキしているとき、心はどうですか？　明るくて軽くて、すごく気持ちがいいでしょう。それを我々は幸福と呼んだりするのです。

また愛情は、創造したり、何かをつくったり、育てたりする肯定的なエネルギーですが、怒りは、拒否したり、捨てたり、壊したりする否定的なエネルギーです。そして、その怒りはどこに生まれるかというと、自分のからだの中です。ですから、怒りが生まれると同時に、怒りは自分を壊し始めているのです。

破壊するために必要なのは、一般的にいうと「火」です。それがよくわかるのがヒンドゥー教です。ヒンドゥー教のシヴァ神は破壊を司る神さまですから、シヴァ神を称えるときは火を燃やして、いろいろな宗教儀式や儀礼をやっています。皆さんもテレビで見たことがあると思いますが、シヴァ神にお供えしたいから、聖なる火を焚き、その火に「神さま、どうぞ食べてください」と食べものを供えたりするのです。

仏教でも、怒りを火にたとえています。

自分のからだに火をつけたら、触れるものすべてに火をつけて破壊することができます。でも、その前に何が起きますか？　まず自分が燃えているのです。このことからわかるように、怒りには何かを破壊する力がありますが、何よりも先に破壊されてしまうのは自分なのです。

マッチの場合も同じでしょう。「ゴミを燃やそう」と思って、マッチで火をつけると、先に燃えてしまうのはマッチです。

「マッチは大事なものだから、燃やしたくない。でも、ゴミは燃えてほしい」という願いは絶対に叶わないのです。

「怒り」が気づかないうちにからだを壊す

怒るということは、自分で自分を燃やし始めたということです。いずれ細胞が破壊されて、グチャグチャになってしまいます。

ためしに野菜でも花でもいいので、わずかな熱に当ててみてください。みずみずしい野菜を、日当たりの良い場所に置いて太陽の熱が当たるようにするだけでも結構です。一時間、二時間、三時間と置いてみるとどうなるでしょう？　乾いて生気をなくしているはずです。その変化は、火に当てればもっと激しくなりますね。我々のからだの中でも、それと同じことが起こっているのです。

もちろん怒った瞬間に手が強烈に痛くなったり、足が痛くて動かなくなったり、おなかが強烈に痛くて死にそうになったり、ということがあれば、誰も怒らないでしょう。怒りには、そういうシグナルがないからこそ、恐ろしいものなのです。

たとえば脳細胞ですが、とくにいろいろなホルモンを出している場所には、見えないほど小さな器官がたくさんあります。小さすぎてすぐには感じませんが、怒りは自分の内臓とホルモン関係のすべての器官を燃やしてしまうのです。

いちばん先に影響を受けるのは、内臓です。心臓にしても、肺にしても、腎臓にしても、内臓というものは二十四時間ずっと仕事をしています。その細胞が怒りによって早く老化してしまって、自分自身が知らないうちにじわじわと病気になっていくのです。あちこちに痛みが出てきたり、胃潰瘍《いかいよう》になったり、内臓全体がガンになったりと、治りにくい病気になるのです。怒りの感情をよく起こす文句だらけの人は、病気がちで、他人よりも先に老けてしまいます。

すごく疲れやすかったり、眠れなかったり、病気がちで悩んでいたりする人は、心にも問題があると思ったほうがいいですね。そういう人は、怒りの性格をかなり持っているはずです。

Anger makes you unhappy.

病気がすぐ治る人、いつまでも治らない人

怒りを甘くみてはいけません。怒りが生まれた瞬間に、からだには猛毒が入ってしまうのです。たとえわずかでも、怒るのはからだに良くないとしっかり覚えておいてください。怒りはまず自分を燃やしてしまいます。本当に自分のからだが病気になってしまうのです。

陽気で、もう底抜けに明るいような人が深刻な病気になったという話はほとんど聞きません。そういう人はたとえ病気になっても、お医者さんとすぐに友だちになったりして治療効果も上がるので、治りが早いのです。入院したのが明るい人だったら、看護師さんたちも楽しくなって親切に面倒を見てくれるし、みんなが治るようにと願ってくれますからね。

その反対に、みんなに嫌われてしまうのは、あれこれとうるさく文句ばかり言う患者さんでしょう。看護師さんも「あのうるさい患者が、またナースコールを

鳴らしている」と思って、嫌々行ってみれば「掛け布団を掛けてちょうだい」などと言うのです。またすぐに呼ばれて行ってみれば、こんどは「落ちると嫌だから、紙コップを少し右にずらして」といった調子なのです。こんなふうにどうでもいいことで呼ばれっぱなしでは看護師さんも仕事にならないのですが、本人は「呼んだら来るのが仕事じゃないか」という態度なのですね。

それで病気が治ると思いますか？　治らないで、延々と苦しむことになるのです。病気が治らないから病院生活は長くなるし、いればいるほどみんなに嫌われます。お医者さんも看護師さんも「この患者さんから早く逃げよう」という一心で治療しますから、患者さんと気持ちが通うはずもありません。それでますますからだの具合も悪くなって、自分がすごく苦しむことになってしまうのです。

怒る人は幸せの大泥棒

怒る人だけが不幸になるのであれば「勝手に不幸になればいい」、その人が死ぬだけであれば「勝手に死ねばいい」と言えますが、そういうわけにはいきません。怒る人々は、まわりのみんなに限りなく迷惑をかけています。人間は幸福を味わいたくて必死なのに、そういう人々がみんなの幸福を一瞬にして奪ってしまうのです。幸せの大泥棒です。

泥棒は泥棒でも、盗んでしまうだけなら、べつにそれほど気にしなくてもいいのです。

誰かが自分が食べようと思っていたご飯を食べてしまったとします。それくらいではあまり腹も立たないし、もし食べた人が「あれはすごくおいしかったよ」などと言ったなら、その悔しささえ消えてしまうでしょう?

自分がつくって食べようとしていたものを誰かに奪われた場合も、だいたいは同じです。「これはすごくおいしい。またつくってください」などと言われたら、「この人はすごく喜んで食べたんだから、私の幸福が少し減っても、まあいいんじゃないか」と思うでしょう。ほめられ、感謝されるという幸せを代わりに得たわけですからね。

ですから、そういう奪い方はそんなに気にしなくてもいいのです。泥棒ですが、幸福までは奪わないからです。

ところが、怒りの人は我々の生命でいちばん大事なものを奪ってしまいます。「人間の生きがい」を奪います。人の金を盗む泥棒なら他人の金で自分が楽をしたい考えなのです。では人の幸福と生きがいを盗む「怒りの泥棒」はというと、他人から奪ったもので幸福になるわけではありません。自分が怒りで苦しんでいるのです。他人の幸福まで壊して他人まで巻き込むのです。ですから怒ることは、泥棒の中でもいちばん性質の悪い泥棒なのです。

Anger makes you unhappy.

怒りはすぐに伝染する

人間は、自分の感情をすぐ他の人の感情と合わせてしまいます。人間というのは弱いもので、すぐまわりの影響を受けてしまうのです。

たとえば、子供が何か欲しいものがあるのに買ってもらえず、お母さんとケンカしてすごく泣いている場面なら、何かひとこと、面白いことでも言ってみてください。子供はなんのことなく泣きやんで、すぐに笑い出すでしょう。そして自分が泣いていたことなど忘れてしまうのです。

そういうことは、子供だけでなくて誰にでもあることです。もしも家に帰って奥さんとケンカになったら、すぐどこか、飲み屋でも書店でも映画館でも、楽しく過ごせそうなところに一緒に出掛けてみてください。そうすると、家ではカンカンに怒っていたのに、外に出た途端なんのことはなく怒りがサーッと消えてしまうはずです。つまり、我々の感情はいつでも、環境によって大きな影響を受けているということなのです。

みんなが楽しく遊んでいるところに、ものすごく怒っている人を一人入れてみてください。どういうことが起こるか。みんなの楽しさは一瞬にしてぜんぶ消えてしまうでしょう。たとえばディスコで若者が四〇人ぐらい踊っているとします。そこに、ヤクザのような人がいきなり入ってきて「こらっ、何やってるんだ」ときつい言葉で怒り始めると、どうなりますか。四〇人の喜びがいっぺんにサッと消えてしまうでしょう？

「怒り」のことを真剣に考えるなら、それをきちんと理解してほしいのです。怒った人は鬼か悪魔になって、強烈で恐ろしい放射能のような波動をからだから出します。自分だけでなくすべての人々の幸福を奪って、社会の幸福まで壊してしまうのです。

支配者は危険な人種

たとえば、ある国の政治をやっている人々が何かのきっかけで怒ってしまうと、戦争がはじまってしまうことが珍しくありません。そうなると、なんの怒りも罪もない国民が戦争に行って、死ななくてはならなくなってしまうのです。世界中の歴史を見ても、そういう愚か者どもがよく登場しているのですよ。

そもそも「政治をやりたい」「王になりたい」「独裁者になりたい」などと考えて、他人を支配しようとするのは、愚か者に限るのです。智慧のある人は「そんなことはくだらない」と手を出しませんよ。ですから、太古の昔から現代まで、世の中を支配しているのは、けっして知識人でも天才でもなく、あまり心が良くない人々なのです。そういう人々だからこそ、いつ頭が狂ってしまったり怒り出したりするかわからないので、たいへん危険なのです。

だから支配者も管理しなくてはいけないのです。たとえばアメリカには、大統領をコントロールする人々が大勢います。「大統領が自分の意思で何かを判断してしまったら、たいへんなことになる」ということで、安全装置を掛けているのです。まわりにはいつも知識人やら何やらいろいろな人々がいて、「この場合はこうします」と手取り足取り教えてあげているのです。大統領が演説するときは、まわりの人がしゃべる言葉をひとつずつ書いてあげて、本人は偉そうに読むだけです。それぐらいコントロールしておかないと、何をするかわからないのです。怒りは自分を壊し、自然を破壊し、挙句の果てには他人の幸福まで奪います。ですから、自分を甘やかしてはいけません。我々は怒りをなんとかするよう、真剣に努力すべきです。「怒らないこと」は個人の課題でもあり、生命全体からの要請でもあります。

相手を倒す前に自分が壊れる

「法句経《ほっくきょう》」(Dhammapada《ダンマパダ》)に、こういう偈文《げもん》があります。「法句経」は「真理の言葉」という意味で、お釈迦さまの言葉を集めたもっとも古い経典のひとつです。

Pare《パレー》 ca《チャ》 na《ナ》 vijānanti《ヴィジャーナンティ》 mayamettha《マヤメッタ》 yamāmase《ヤマーマセー》
Ye《イェー》 ca《チャ》 tattha《タッタ》 vijānanti《ヴィジャーナンティ》 tato《タトー》 sammanti《サンマンティ》 medhagā《メーダガー》. (Dhammapada, 6)

我々がこの世で死ぬべき存在である、という事実を他の人（賢者ではない人）は知らない。賢い人々は、これをよく知るので、争いは止む。

なぜ世の中に争いがあるのかというと、争う人々は「争うと、いずれ自分自身が破壊されて死んでしまう」という事実がわかっていないからです。自分のどこかが壊れたことにも気づかずに、「私は相手を倒した」と、大きな誤解をしているのです。

たとえば、「他の人たちはあの人が怖くて何も言えないけれど、あんまりひどいものだから私がビシッと言ってやりましたよ。これで、あの人もこの私を怒らせたらたいへんだということがわかったことでしょう（ざまあ、みろ）」というふうに。

でも、それは自分に対するごまかしです。もしも怒って誰かに何かを言ったなら、最初に自分の心を破壊して、すごく不幸な感じを味わっているはずです。怒る人には、その観察がありません。「怒りというものは、まず自分自身を壊してしまう」ということがきちんと理解できれば、人間は何があろうとも怒らなくなります。

どんなひどい状況にあろうとも、どんなきつい仕事をさせられようとも、どんなきつい言葉を浴びせられようとも、怒りません。怒ったら、自分を傷つけることになりますから。

怒ることは、自分で毒を飲むのと同じことだと思ってください。わざわざ、自分自身で毒を取って飲む必要はないでしょう？　ですから、怒りを治めるためにまず必要なのは、「怒ると、自分を壊してしまう」と理解することなのです。

Anger makes you unhappy.

「怒る人ほど頭が悪い」という真理

世の中で、怒る人ほど頭の悪い人はいません。冗談ではありませんよ。私は真剣に言っているのです。これは客観的な事実、真理なのです。怒る人は本当に恥ずかしいほど頭が悪いのです。

怒っているときの自分の心を観察してみてください。そのときは智慧も湧いてこないし、明るさもないし、適切な判断もできないでしょう？　その状態はもう、人間どころか動物ですらありません。動物以下です。知識や能力、才能のある普通の人間になりたいなら、けっして怒ってはいけないのです。

心の感情というのは波のようなもので、いつでも浮いたり沈んだりしていますが、いままでの生活を振り返ってみれば、頭が本当に冴えて、しっかり物事を把握して行動していたときは、怒っていなかったはずです。

まず、「怒るのはバカのすることだ」と自分によく言い聞かせてください。「怒るのは徹底的に無知な人だ」と頭に叩きこんでください。怒っている自分を感じたら、「私は合理的ではない完全なバカで、何も理解できない無知な人間だから怒っているんだ」と真剣に自分に言わなくてはいけません。

子供が何か悪いことをしても、なぜそうなったかきちんと把握していて、どう言えば改まるかという道筋が頭の中にできているときは、あまり怒らないものです。がっかりもしないし、怒りもしないし、落ち着いていられます。ということは「智慧が働いているときは怒らない」ということです。

怒り続けると「怒りそのもの」になる

怒るとき、我々は瞬時に「完全に最低な無知な人間」になってしまいます。怒れば怒るほど、我々は自分の無知そのものを刺激してどんどんバカになります。

では、怒る回数が重なると、どうなるのでしょうか？

心には、皆さんが知っているように、何かを繰り返すとそれを信じてしまう法則があります。「これはいい」「これはいい」「これはいい」という情報が何度も繰り返し入ってくると、みんなが「いいんだ」とすぐ決めつけるようになってしまうでしょう? 「この食べものはおいしい」「おいしい」と繰り返し聞かされていると、それを食べたらおいしく感じてしまうのです。

心というものは、同じことを繰り返して言い聞かせると、意外とあっさりその通りになってしまうものです。だから、人間というのはずっと互いに暗示をかけ合ったり、マインドコントロールし合ったりして自分に都合のよい方向に物事を進めようとするのですね。その結果、とんでもない世界をつくっているのですけれど。

怒りも同じで、怒る回数が増えれば増えるほど、その人は怒りそのものになってしまいます。それはもう、人間ではなくただの「肉の塊」が動いている状態です。肉の塊はお化けと同じで、怖いものです。夜一人でいるときに、目がひとつしかなくて、顔から血が出たり、歯がぜんぶ外に出たりしているお化けに会ったら、怖いでしょう? 見たくないでしょう? でも、お化けなんかはただの幻覚で怖くもなんでもないのです。幽霊だから触られても感じません。でも目の前で、人間性を失った怒りの肉の塊が動いたり、歩いたり、しゃべったりしているのは本当に怖いのです。

怒りの人間は動物以下

つまり、「怒りの人間になる」ということは、もう人間を捨てたことです。そのあとには、なんの成長もなんの発展もありません。生きもののレベルでいえば、動物よりはるかに下です。

なぜそうなのかを説明しましょう。

動物というのはずっと「お互いの気持ちを計算する」ということをいつもしながら、共同生活をしています。動物の世界では、わがままではダメなのです。相手の気持ちをいつでも敏感に感じていないと生きていられません。

動物も怒るのですが、人間の怒りとは違います。たとえば犬同士が怒るのは、その犬の世界の道徳を破ったからであって、それ以外の理由では怒りません。猿の世界でも同じです。決まりを破ったら、殴られたり噛まれたりして、殺されるぐらいひどい目にあいます。殺されはしませんが、運悪くひどい怪我をしたら死んでしまう可能性もあります。

そんなふうに自分の命にかかわるだけに、動物はいつでも互いに気をつかって、お互いの気持ちをできるだけ理解しようと努めながら生活しています。ですから、怒る人というのは、その次元よりもずっと下にいることになるのです。

エゴを捨て、怒らない人というのは例外なく、本当の幸福を得られるのです。怒らないための具体的な方法をお話しする前に、次の章で、賢明な人々の生き方から学んでみましょう。

People who don't get angry.

第3章

怒らない人

People who don't get angry.

いちばん強烈な罰、それは無視

私たち仏教徒の場合、お寺で悪いことをした人にどうするのかというと、もちろんぶったり叱ったりはしません。こちらが怒って「なんで、あなたはこういうことをするのですか」「みんな、こういうふうにするべきではないですか」などと叱ったら、こちらも同じ「怒り」という罪を犯していることになりますからね。

よくやるのは、完全に無視することです。何を言おうが何をしようが、知らぬふりをして社会から追い出すのです。物理的に追い出すことではなく、一緒にご飯を食べてもかまいません。人間ですから、そういうものはきちんと用意してあげますし、もしも病気になったらきちんと面倒を見ます。そういうことはやるのですが、一緒に活動している一人として扱わないで無視するのです。

その人が発言しても完全に無視して、「じゃあ、次の人どうぞ。あなたはなんの話ですか」と他の人の意見を聞くのです。それはすごく強烈です。自分の存在を無視されたショックというのは、普通の人間には耐えられません。

無視の罰を受けるのは、道徳を守らない人、みんなの決まりも調和も守らない人、相手をいじめることばかり考えていて、わがままで勝手で自分本位な人です。無視をする側は、その人に「どうぞ自由にやってください」と好きにさせてあげますが、社会で調和を守らない限りは、自分の社会の一員として扱うのは無理です。一緒に生活していてもいないことにするのです。この人はみんなから無視されて、とことんその苦しみを味わうことになります。この無視の罰は、本人が自分の誤った生き方を改めて、謝るまで続きます。

本当の「無視」は難しい

普通の人がする無視というのは、仏教的な無視とはいえません。

たとえば夫婦が一週間も口を利かないということがたまにあるでしょう？　そういうときは苦しいはずです。なぜなら、本当はしゃべりたいし、相手のことが気になっているからです。その場合、お互いに「勝手にしろ」という状態になってはいますが、言葉は交わさなくても強い感情のやりとりがあるので、無視されている感じにならないのです。一般的な無視というのは、その人の言うことを無理して聞かないようにすることですね。無視するほうも心の中ではいろいろな感情が渦巻いていて、それを抑えつけているのですから、それは無視にはならないのです。

仏教的な無視は、夫婦がお互いを無視する、いわゆる夫婦喧嘩のようなものとはまったく違います。そのような感情的な無視ではなくて、その人が行動を改めるかどうかを静かに見つめながら、まるで相手がその場にいないように行動することが、私の言う本当の無視です。そういうふうに、自分が存在しなくても全然関係ない、というふうに落ち着いて楽しくニコニコと行動されると、相手はすごく苦痛なのです。

無視したことによって、自分が損をしてはいけません。「あなたは私に損を与える。だから私はそれを無視する。それによって私は幸福になる」というのを見せつけることです。

わずかでも「口を利かないことは寂しい」とか「やっぱり口を利いたほうがい

い」などとは思わないことです。あなたがニコニコして、堂々と楽しく生きているると、向こう側が「やっぱり自分のほうが間違っているかもしれない。折れなくてはいけない」と考え直すようになります。

People who don't get angry.

お釈迦さまを困らせた運転手

お釈迦さまは出家する前、ある国の王子だったのですが、チャンナという名前の馬車の御者がいました。上流の社会でしたから、どんな御者でもいいわけではなく、チャンナも大臣クラスの人でした。馬車が必要なときはいつでも運転して、王子さまであるお釈迦さまをあっちこっちに連れて行ったのです。

そのチャンナも、お釈迦さまのことをたいへん大事に思って、頑張って面倒を見ていました。出家したときも、お釈迦さまはチャンナと二人だけでした。そのときは馬車ではなくて馬に乗って行きましたが、いつでも自分の側にいて面倒を見てくれるし、なにより仲がいいものですから、やはり一緒にいたのです。とくに出家してからのお釈迦さまは、彼にぜんぶ任せて「私の王冠や宝石、衣装などを家に返してください。私が出家したことを、父に報告してください」などといろいろ頼んでいました。

チャンナはあとになって、アーナンダ尊者やらみんなと一緒に出家するのです。ところが出家してみたところ、お釈迦さまの側近のお坊さんたちの自分の扱い方が、出家前とはまったく違ったのです。在家のときはいつでもお釈迦さまが自分と一緒にいたのに、出家したとたん、自分だけがずいぶん遠いところにいなくてはいけなくなってしまったのです。サーリプッタ尊者やモクレン尊者やマハーカッサパ尊者という偉大な阿羅漢（完全に悟りを開いた聖者）たちがお釈迦さまの側でいろいろな行動をしているし、お釈迦さまは今となっては、そういう人々にいろいろなことを言ったり頼んだりしているのです。

お釈迦さまが以前のように、「チャンナ、これをやってください。あれをやってください」と言ってくれませんから、チャンナは寂しかったことでしょう。でも、仏教の出家の世界というのは聖なる世界ですから、道徳が最優先されるのです。「どんな生まれか」「金持ちか、親戚か」ということは関係なく、「心が清らかか、そうでないか」ということで判断される世界なのです。ですから、お釈迦さまの側には清らかで悟った方々がいて、チャンナも含めて他の人々は修行中の身ということで近寄れないのです。

するとチャンナはすごくわがままになってしまい、みんなに文句を言い始めたのです。「今さら、あなたたちはなんですか。お釈迦さまが偉大なる人として有名になった今になってから、偉そうに側にいて。小さいときからその方の面倒を見てきたのは、誰ですか。出家したときに付き添っていたのは誰だと思っているのですか。お釈迦さまという個人の面倒を小さいときから見てきたのは私じゃないですか」。そんなふうに、他のお坊さんたちに対して態度がとても大きくなって、言うことを聞かなくなってしまったのです。「出家したならば、こういう生き方をすべきです。こういうやり方がきまりです」と言われても、「あなた方は、なんでそんなことを言うのですか。今さら私に説教するつもりですか。いい加減にしなさい」という調子で、とにかく手ごわいのです。そうなると、修行するどころか、彼に何も教えてあげることができません。でも、チャンナはお釈迦さまに対してだけは、畏れ多くて文句を言えませんでした。それで、お釈迦さまも直接は何も言わなかったのです。

お釈迦さまの弟子たちは「これはどうしますか」「これはどうしますか」と何かといろいろ聞くものですから、お釈迦さまは「自分が亡くなったら葬式はどうするべきか」ということまでも指示して亡くなりました。でもひとつだけ、やっぱりお釈迦さまの心の中に残っているものがあったのです。

お釈迦さまはとても人々のことを思っているし、自分の面倒を見てくれる人々に対する感謝や恩は徹底的に覚えているのです。ですから、チャンナのことも気にかかっていました。チャンナがお釈迦さまに対して愛情を持っていて、自分の命と同じくらい大事に思っていることはご存知でしたが、チャンナの今の態度では彼を悟りに導くことは到底できませんから、とても心配していたのです。

お釈迦さまが与えた罰「ブラフマダンダ」

そこでお釈迦さまは亡くなるちょっと前、アーナンダ尊者に頼みました。

「チャンナのことなのですけど、あの人は言うことは聞かないし、すごくわがままで態度が大きくて、もう本当に困ったものです。だから、私が亡くなったら、彼にはみんな『ブラフマダンダ（brahma daṇḍa）』をすることを決めなさい」とおっしゃったのです。

「ブラフマ」というのは「偉大なる」「聖なる」という意味です。「ダンダ」というのは「罰」です。つまり、「聖者のする罰」ということです。

もちろん、聖者ですから人をぶったりはしません。「聖なる」と「罰」とでは言葉が正反対なので、アーナンダ尊者が「聖なる罰というのはなんですか」とたずねました。するとお釈迦さまは、「あなた方僧伽《サンガ》がこのように決めなさい（僧伽の決まりとは：出家比丘たちの規則や管理などは比丘たちの全員一致で決めるものです。この決まりは個人の好みで破ることはできません。比丘一人に罰を与える場合も、僧伽が全員一致で決めるものです）。僧伽のお坊さんたちは、誰もチャンナとしゃべらないこと。チャンナに話す自由はありますが、僧伽の誰も返事してはならないのです。また、このような罰を決めたことを本人に正式に報告すべきです」と説明なさったのです。これがブラフマダンダというものです。具体的にいうと、同じ仲間の中で一人を完全に無視することに決めることです。

学校では子供たちの間に誰かを無視するといういじめがあるようです。仏教は子供たちがやっている仲間を無視するいじめを推薦しているわけではありません。仏教の無視は僧伽という議会制度で全員一致で正式的に決める法律的な罰なのです。この場合は、罪を犯した人に正式的に「無視することになりました」と報告するのです。学校の子供たちは、無視を生徒会で決めるものではありません。わがまま勝手で気に入らない人を無視するのです。これはやってはいけないことです。人を逮捕したり、刑罰を与えたりすることは、日本国の法律制度にできるからといって個人にもグループにもその権利はありません。仏教で性格の悪い調和を守れない人に無視する罰を与えるからといって、仏教徒でもない学校の子供たち、会社の社員たちなどにその権利はありません。

「お釈迦さまが亡くなった」という大騒ぎのあとのことです。お葬式も終わってちょっと落ち着いたところで、お釈迦さまの言葉をすべてまとめるために、お坊さん（阿羅漢）たちが集まりました。そのお坊さんたちの会議で、「じゃあ、チャンナの罰を決めましょう。お釈迦さまの命令にしたがいまして、チャンナに無視する罰を与えます」と決めたのです。普通だったら本人も呼ぶのですが、その罰を決める会議には彼を呼びませんでした。あとでアーナンダ尊者が彼の家に行って、「決まりである」と言って告げたのです。チャンナもアーナンダ尊者も、幼いときからずっと一緒にいたのですから、お釈迦さまが亡くなってずいぶん悲しんでいたことでしょう。

「お釈迦さまは最後に、あなたの罰を決めたのです」

「どういう罰ですか」

「いわゆるブラフマダンダです。聖なる罰です」

チャンナは「どういうことですか」と聞きました。

「我々は、今日からあなたとは口を利きません。あなたがしゃべるのは、これからも自由です」とアーナンダ尊者は答えました。

その罰の報告を受けた瞬間に、チャンナは意識を失って倒れたそうです。

この罰はそれぐらい強烈なのです。だからといって、「きついから、ちょっと甘くしてあげます」ということは、仏教にはありません。チャンナはすごくショックを受けて、どうせもう誰も口を利いてくれないのだから、と一人になって一所懸命に瞑想を始めました。そして始めてみたら、すぐに悟りました。

悟ってしまえばもう完全な人になったのですから、すべての罰は自動的に解除されます。それでも、やっぱり道徳を守りますから、「私がお釈迦さまに、いろいろ失礼なことをしたために、お坊さんたちからこういう罰を受けました。これからは、きちんと自分を戒めますので、どうか赦してください」とお願いしたのです。比丘サンガは、その後また会議が開かれたときに、「チャンナがこういうふうに謝っているので、お坊さんたちが反対でなければ、これからその罰を中止します」という結論を出してあげたということです。

People who don't get angry.

自分で反省しなければ意味がない

社会に対してあまりにもひどいことをする人がいるならば、我々が怒らないようにしている限り、その人は「怖いものはない」とばかりに、やりたい放題でずっと続けてしまうでしょう。こちらが怒れば「怒られたから」ということで怖くなって抑えるようになるので、怒ることがいくらかは役に立ちます。普通の法律は、そういう論理で成り立っているのです。

法律の場合は、怒るのではなく罰を与えるのです。社会人としての自由を一時的に停止するのです。みんな、怒られるのが怖いから、罰として自由を停止されるのは怖いから、悪いことをしないように自分をコントロールして法律を守っているのです。

仏教では、悪いことをする人に怒るという発想はありません。それでも、「怒られないから、みんな慈しみを持っているから」と思って自由にやりたい放題にやってしまう人には、適切な罰を与えます。このエピソードの場合、決められた罰は相手を無視することです。「じゃあ、一人でやってみてください」と、その人を完全に無視してしまうのです。それは慈悲にもとづいて相手の成長を期待して行うものです。

仏教の人を育てる方法は「鏡を見せる」という譬《たと》えで説明されています。間違いを犯す本人に、客観的に自己観察できるようにしてあげるのです。間違いを犯した人は、「鏡を見ること」を命令されますが、出家比丘たちはみな、日常的に「鏡を見る」という自己観察をして自分の行動に誤りがあるかないか、調べるのです。自分がやったことには自分で反省しなければ意味がないのです。反省の気持ちにならないと、過ちを直すことはできません。よい人間になりたいと思う人々は、自分にどれだけ反省の気持ちがあるのかと、見たほうがよろしいのです。ひとことで「怒らないように」といっても、なんでも「はい、はい、わかりました」というような、単なる弱気の性格ではないのです。

自分がした「悪いこと」を分からせる

日本にはこれと似たもので、エンマさまが登場する話がありますね。エンマさまは、人が死んだら地獄に行くか天国に行くか審判します。仏教の世界のストーリーですから、エンマさまの審判のやり方は、西洋宗教で見られる最後の審判のお話とは違います。「神を信じなかったから地獄」「神を信じたから天国」というふうに、いとも簡単に人の命を判断することはしないのです。

代わりに何をするかというと、鏡を見せるのです。その鏡に「自分が何をやってきたのか」ということを映して見せられると、善悪は自分で判断できますね。それで、本人が「なるほど、良いことはひとつもやっていないんだ。やっぱり自分は地獄行きだ」と覚悟して決めるのです。

たとえ地獄に行くことになっても、エンマさまのせいではありません。エンマさまが判断してくださらなくても、本人が「はい、わかりました。私はこっちに行きます」というふうに自分で判断して、納得したうえで、その罰を受けるのです。

そこから学べるのは、「悪いことをする人に悪いことで返す」ということではなくて、「自分の悪いことの結果は自分で受けられるようにしてあげる」ということです。この「鏡を見せる」という方法は役に立ちますから、ちょっと覚えておいてください。どうしてもひどく自分を責め立てる人に困ったら、言い返すのでもやり返すのでもなくて、鏡を見せることです。それは、本人が立ち直るためにいちばん簡単な方法です。

突然、人に殴られたらどうする？

サーリプッタ尊者という、怒らないこと、謙虚であることでたいへん有名なお坊さんがいます。お釈迦さまは「自分の右腕だ」とずっと言っていました。「あなた方にしっかり教えられるのは、ブッダたる私かサーリプッタ尊者か、どちらかでしょう」と言うぐらい、サーリプッタ尊者のことを褒めていたのです。サーリプッタ尊者は並外れた智慧を持ち、素晴らしく知識があったのに、誰よりも謙虚でした。あまりにも謙虚で、まったく目立たなかったので、人々が「どの人が、あの偉大なるサーリプッタですか」とたずねるほどでした。

ある日、サーリプッタ尊者の評判を仲間から聞いたあるバラモンが「なんだい、ただの禿げじゃないか。こんな禿げの連中を誰が気にするものか」と悪口を言いました。バラモン教は、頭を剃る行為をすごくけなすのです。

「サーリプッタ尊者はすごく性格ができている」という評判についても、「じゃあ、本当にそいつが偉いかどうか確かめてみよう。どうせ人間だから、何か欠点が見つかるはずだ」と言って、托鉢に出て行くサーリプッタ尊者を尾けていって、後ろからすごい勢いで殴ったのです。

人は、なんの理由もなく殴られたら、何かそこで反応を起こすものです。ところが、サーリプッタ尊者は振り向きもせず、そのままずっとゆっくり歩いているのです。そのバラモンの人は殴ってから反応を待ち構えていましたから、拍子抜けしてしまって、後ろから尾いていくことにしました。それでも、サーリプッタ尊者は見ようとはしません。

それでそのバラモンは「これはとんでもないことをした。この人は殴られたということさえ気にならないんだ。やっぱり、自分がやったことはとんでもないことだ。本当に、この人は素晴らしい人なのだ」と怖くなって、からだが震え始めて汗が出てきました。それで、サッとサーリプッタ尊者の前に行って、ひざまずいて「たいへん申し訳ないことをしました。どうぞ私を赦してください」と謝ったのです。

すると「なんでしょうか。何をしたのですか」とサーリプッタ尊者が聞いたのです。尊者にしてみれば「殴られた」ことなど頭の中になかったのです。「あのときに私を殴ったのはこの人ではないか」という妄想もなかったのです。それで、そのバラモンはさらに怖くなったのです。「私は、こういう悪いことをしました」と言ったら、サーリプッタ尊者は「ああ、そう。わかりました。私はぜんぜん気にしていません。赦してあげます」と言いました。結局、そのバラモン人は、それが縁で仏教徒になってしまいました。

そこまでのことは、我々にできることではありません。完全なる悟りを開いて阿羅漢になったということは、「実体＝エゴ」が頭の中にもまったくないということです。一瞬一瞬の無常に完全に気づいている「ヴィパッサナー」の智慧で生きているのですから、たとえぶたれても、サーリプッタ尊者にとっては、それはある瞬間、物質が物質に触れただけのことです。そこで痛みが生まれても、心は痛みを感じて、「あっ、痛み」というだけで終わりということになります。「私は痛い」とか「私はぶたれた」という発想は、無意識のところにもありません。だから、そういう態度でいられるのです。

People who don't get angry.

偉大な人ほど謙虚でいられる

我々も、余計なプライドを捨ててとことん謙虚になれば、怒らないと思います。あるときサーリプッタ尊者は、自分が着ていた衣のほんの一部を垂らしていたことを知らなかったのです。それをある沙弥《しゃみ》が見て、僧の衣は着方が厳しく決められていますから、「先生、その衣はちょっと」というふうに言ったのです。ほんのわずかなことですが、そういう些細なことでも、教えてくれた、ということで、サーリプッタ尊者はそこに座って「あっ、たいへんありがとうございました」と、その沙弥に感謝するのです。

サーリプッタ尊者はお釈迦さまの右腕です。それに対して、沙弥というのは子供の出家者で、まだ一人前でもありません。ただの見習いです。サーリプッタ尊者にもその沙弥にも、まったく自我がないからそういうことができるのです。よけいな自我がないので、間違いを見つけて指摘してもらって助かった、それだけなのです。

我々にはとても真似できませんが、心の隅で覚えておくといいですよ。それに対して我々は、「私は課長なのだから」とか「私は旦那なのだから」とか、そんなことで怒るのだから、もう見ていられないほど醜い自我なのです。サーリプッタ尊者の態度を覚えておいてください。

我々仏教徒の世界では、すべての生命の中でいちばん偉いのはお釈迦さまです。では二番目はというと、サーリプッタ尊者なのです。そういう偉大なる人でさえ、「衣がちょっと下がっている」と言われただけで、「教えてくれて、本当にありがとうございました」と言うのです。

「面子」は醜い

それに対して、我々はどうでしょうか。「私にそんなことを言うなんて、あなたは何様ですか」とか、「生意気言うな」という態度でしょう。大学でも、一年生が三年生や四年生に何か文句を言ったら、ひどい目にあわされるでしょう。中学校でも高校でも、後輩が何か生意気なことを言ったら、先輩から仕返しをされるのです。

あれは醜いものです。後輩たちは、奴隷扱いされて何も言う権利はないのです。先輩たちにけなされたり、殴られたり、バカにされたり、掃除をさせられたり、先輩たちの下着まで洗わされたりします。もし、後輩が何か意見でも言ったら、「生意気言うな」とすごく怒られるのです。でも、それで先輩は楽しいでしょうか？　べつに楽しくないでしょう。先輩後輩という立場の問題で、みんな苦しみを味わっているのです。

ですから、本当に偉大な人は、相手に「生意気言うな」などとは言わないのです。自分が間違いを指摘されたら、「はい、わかりました。自分が間違っていました」と言うだけです。もし小さな子供が言ったとしても、きちんと褒めてあげるのです。そういうことが、仏教で言っている道徳なのです。

生徒が先生に「こういうことが間違っている」と言ったことに対して、先生が「私の立場はどうなるんだ」とか「私の面子《めんつ》はどうなるんだ」などと言うようでは、はじめから教える立場に相応しくありません。「面子」などという言葉を使う人々は、空っぽです。生徒に「これは違いますよ」と言われたら、自分も「ああ、本当にそうですね。あなたはよく知っていますね。しっかりしています」と言って、その生徒を褒めてあげる。そういう人が立派なのです。

アインシュタインの謙虚

アインシュタインが住んでいた場所は、大学の研究所の人以外はほとんど知らなかったそうですが、たまたまその近所にある学校の先生は知っていました。そしてある日、自分のクラスの算数があまりできない女の子に、「どうしてあなたは、きちんと勉強しないのですか。あなたの家の隣に算数がよくできる人が住んでいるというのに」と言ったのです。

子供はもちろん、それが誰のことなのか知りません。ですから「なるほど。隣の家のおじいちゃんに聞いて、宿題を教えてもらえばいいんだ」と思って、さっそく隣の家のチャイムを鳴らしたのです。

ドアを開けたら小さな女の子が立っているものですから、アインシュタインも

「まあ、どうぞ」と家に入れました。すると、その子は「おじいちゃん、学校の先生が、隣のおじいちゃんは算数が上手だ、と言ったのよ。だから、これを教えてちょうだい」と頼むのです。アインシュタインはとても忙しいし、すでにアメリカの国宝のような存在でしたが、彼女になんのことなくぜんぶ教えてあげました。

しばらくして、その女の子があまりにも算数ができるようになったので、先生が不思議がって「あなたは、最近よく算数ができるようになりましたね」と言うと、その子供は、「先生は言ったでしょう？　あのおじいちゃんに聞いて、教えてもらえって」と言うのです。

それを聞いた先生は驚いてしまいました。そしてその子の母親に「たいへんなことになりました。私はべつにそういう意味で言ったわけじゃなくて、ただ、隣にアインシュタイン博士が住んでいることを自分が知っている、ということを言いたかっただけなのです」と言いました。これは困ったことになったということで、先生とお母さんはアインシュタインの家に「たいへん、ご迷惑をお掛けしました」と謝りに行きました。ところがアインシュタインは、「いいえ、なんのこともないのです。私は何も教えていません。反対に、いろいろなことを教えてもらいました。教えてもらったのは、私のほうです」と言ったのだそうです。

やっぱり、偉大なる人は人間ができているのです。相対論を発見した人なのだから、この小学生の子供とは比べものにならないほど智慧があるはずです。それなのに、「いろいろなことを教えてもらった」と言うのです。本当に謙虚なのです。

私は、アインシュタインが嘘を言っているとは思いません。人間ができているからこそ、子供からもいろいろなことを学ぶことができるんですね。人間ができていないと、「なんだ？　小学生ではないか。忙しいんだからこっちに来るな」と大きな態度をとってしまいます。それでは学ぶどころではないでしょう？

こうした謙虚な生き方を見習うことで、我々も怒りを治めることができます。ですから「立派な人になろうではないか。尊い人になってみようではないか。偉大なる性格をつくってみようではないか。できなくても、真似ごとでもしてみれば立派になるのだから」とチャレンジしてみてはいかがでしょうか。

People who don't get angry.

怒ったら、怒らないこと

お釈迦さまの経典を研究している学者の方々が、間違いなく仏説だといっているテキストがあります。そのお経は「Suttanipāta」といいます。お釈迦さまが生きていたときも内容をぜんぶ覚えていて、「私は昔、こういうことを言ったではないか」と引用しているのだから、間違いないそうです。

このテキストは、日本では中村元先生が『ブッダのことば』(岩波文庫)というタイトルで訳しておられます。中村先生の訳は簡単でわかりやすいのですが、それは先生がすごい智慧を駆使して、わかりやすく書いているからであって、内容はけっして簡単ではありません。でもぜひ読んでみてください。

そのいちばん目が、怒りに関する偈《げ》なのです。

Yo《ヨー》 uppatitaṃ《ウッパティタン》 vineti《ヴィネーティ》 kodhaṃ《コーダン》

Visataṃ《ヴィサタン》 sappavisaṃ《サッパヴィサン》 va《ワ》 osadhehi《オーサデーヒ》
So《ソー》 bhikkhu《ビック》 jahāti《ジャハーティ》 oraparaṃ《オーラパーラン》
Urago《ウラゴー》 jiṇṇami《ジッナミ》 va《ワ》 tachaṃ《タチャン》 puraṇaṃ《プラーナン》.

「蛇の毒が（身体のすみずみに）ひろがるのを薬で制するように、怒りが起ったのを制する修行者（比丘）は、この世とかの世（スマナサーラ註・この世とあの世、いわゆる輪廻《りんね》のこと）とをともに捨て去る。――蛇が脱皮して旧い皮を捨て去るようなものである」（中村元訳『ブッダのことば』岩波文庫より）

この本のはじめに「怒りたくないならば、怒らないでください。それだけですよ」と言ったのは、けっして屁理屈《へりくつ》や冗談ではないのです。こちらでお釈迦さまが言っているのも、同じように「怒らないこと」、それだけなのです。

脱皮のように「怒り」を捨て去る

ここで言っているのは「怒りが生まれたら、それをコントロールする」ということです。やり方は、「薬で、猛毒をなくすように」です。つまりどのようにするかというと、からだに怒りが生まれたら、それを蛇の猛毒のように考えて、すぐ薬で消してしまうのです。その「怒りをなくす薬」は何かというと、それは仏教の修行の世界の話になります。

次に「どのように捨てるか」という説明が出てきます。「蛇が古い皮を脱皮するように、怒りを脱皮してください」。仏教では、怒りのことを「猛毒だ」と言っているのです。このことは、現代に生きている皆さんにもすんなり信じることができるでしょう。

日本でも、あるお医者さんが本に書いていました。「怒ったり、欲張ったりすると、からだから悪いホルモンが出て、からだを壊したりするんだ」と。そういうふつうの人が書いて、その本がベストセラーになるとみんな信じるのに、お釈迦さまが言うことはなぜかあまり信じようとしないのです。ですから、ここは怒るべきところなのですが、怒ってはいけませんね。だから私も怒りません。

重要なことは、いちばん古いと言われている経典の最初に、「怒りを死ぬくらいの猛毒として見てください」と書いてあるということなのです。

怒らない人だけが勝利者になれる

もうひとつお経を出します。先ほどご紹介した「法句経」(Dhammapada) の二百二十二番です。

Yo《ヨー》 ve《ヴェー》 uppatitaṃ《ウッパティタン》 kodhaṃ《コーダン》
Rathaṃ《ラタン》 bhantaṃ《バンタン》 va《ヴァ》 dhāraye《ダーライェー》
Tamahaṃ《タマハン》 sārathiṃ《サーラティン》 brūmi《ブルーミ》
Rasmiggāho《ラスミッガーホー》 itaro《イタロー》 jano《ジャノー》

「走る車をおさえるようにむらむらと起る怒りをおさえる人――かれをわれは

〈御者〉とよぶ。他の人はただ手綱を手にしているだけである。〈スマナサーラ註・衆生《しゅじょう》はただ手綱を持っているだけだ〉（〈御者〉とよぶにはふさわしくない。）」（中村元訳『ブッダの真理のことば・感興のことば』岩波文庫より）

「人々は、ただ手綱を持っているだけだ」。これはどういう意味でしょう。

車は、壊れたらもう動かないのです。しかし、技術を持っている腕のいい運転手なら、なんとかして壊れた車でも目的地まで走らせるのです。しかし、普通の人は、車に異状が生じたら、そこで運転をやめるしかないのです。ブッダの時代の車というのは馬車です。馬車の故障は馬が暴れる、車輪の調子が悪くなる、頚《くび》木《き》が壊れる、手綱が壊れるなどです。上手な運転手はそれぐらいのことで諦めません。目的地まで行くのです。技術的にあまりにも進んでいる現代の車では、こんなことはできないかもしれません。車が故障したらたとえテクニシャンでも直せないので、捨てるしかないのです。車を人生に譬《たと》えて考えてみましょう。「自分の心に怒りが生まれた。それは人生という馬車が故障したということだ。怒っても、怒りに任せて行動すると、人生は危険である。怒りという暴れ馬のやりたい放題に任せたことになる。だから、怒った瞬間に、怒りを消そうとする。消すことができたならば、その人は腕のいい運転手なのだ。人生のリーダーであって、勝利者である」ということです。人が「怒ったら負けだ。怒らない人は勝利者だ」という意味なのです。

「sārathiṃ」という言葉は、現代では運転手を意味しますが、パーリ語ではリーダー、勝利者、英雄という意味もあります。ですから、「本当の英雄、本当のリーダーというのは、怒りを消した人である」ということなのです。怒って「私は偉いぞ」と言う人や「あんた方はなんだ」などと言う人はけっしてリーダーにはなれません。

そこで、お釈迦さまは強調するのです。

Ahaṃ…brūmi ＝私が言います。世の中の人々が考えることと正反対のことを言う場合、お釈迦さまは「私が言います」と強調して語るのです。真理・事実などを「私が言います」と強調しなくても、客観的に調べると誰にでもその事実を発見できるのです。しかし、一部の物事に対して素直に賛成できないこともあります。たとえば「悪いことをする人に対して怒るのは当然だ」というのは世間が一貫して認めるのです。しかし、悪人に対しても怒ってはならないというのは、ブッダの言葉です。素直に賛成できない言葉です。このような場合は、お釈迦さまが「私が言います」と強調するのです。「あなたがたは納得いかないかもしれませんが、事実はこの通りです」というニュアンスです。この場合は、世間の間違った意見と違ったブッダの意見、悟った人の意見、正しい道、真理、納得いかなくても守らなくてはいけない決まりというような意味で、理解しなくてはならないのです。「怒らない人こそ勝利者である」という言葉は、そのような言葉です。

Itaro jano ＝他の人々の。

Rasmiggāho ＝手綱。怒りやその他の感情を制御することなく感情のままに生きている人々は、人生という馬車の手綱を取っているだけです。なんの運転能力もないのです。車のハンドルを握っているだけなら子供にもできますが、車を運転したければ免許証を取らなくてはならないでしょう。怒りを制御できない人々は、お釈迦さまの言葉によると、人生のハンドルをただ触っているだけの人です。逆に怒らない人が、他の人々の手綱までつかんでいることになるのです。怒っている人々は、怒らない人が言う通りに行動しなくてはいけないのです。人々をつかんでいるのは（人々をリードするのは）怒っていない人なのです。

いつでも、リーダーになるのは怒らない人です。政治の世界にしても、お互いにやり合ったり、けなし合ったり、いろいろあるでしょう。そういう世界であっても、生き残っていい大臣や総理になる人々は、何を言われても、かなり落ち着いてニコニコしている人でしょう。だから、大臣やら総理大臣やら、そういう立場になれるのです。ちょっとしたことで怒ってケンカしてしまうと、議員の立場もなくなってしまいます。ですから、本物のリーダーはけっして怒りません。怒らない人は、みんなの手綱をつかんでいるのです。

壊れた鐘のようになれ

もうひとつ、ある偈から一行紹介します。お釈迦さまの言葉ですから、覚えていると何かいいことがあります。

Kodhaṃ《コーダン》 jahe《ジャヘー》 vippajaheyya《ヴィッパジャヘィヤ》 mānaṃ《マーナン》

Kodhaṃ jahe＝怒りを捨てろ　vippajaheyya＝捨てる　mānaṃ＝高慢、エゴ

怒りと高慢を捨てろ、という意味です。お釈迦さまが、怒りと高慢の両方を捨てろと言われているのです。エゴを持っているから怒るのです。ですから、「怒りと一緒にエゴを捨てろ」と言うのです。なかなか難しいですが、そうするべきだということだけはしっかり覚えておきましょう。

「壊れた鐘のようになれ」という偈もあります。鐘に少しでも触ると、結構すごい音がするでしょう？　我々は鐘どころか、ちょっと空気が触れたくらいのことで怒っているのですよ。

たとえば人がサッと自分の前を横切っただけで「なんでそんな態度をしているんだ」と怒ります。これでは、前を通るたびに、ぺこぺこしたりしなければなりません。そうすることは、べつに悪くはないのですが、ずいぶん付き合いにくいのです。少しでも間違いがあったら、人間というのはすぐに怒るのです。挨拶ひとつとっても、「言い方がおかしい、もっと丁寧に」と言ったりしますね。ちょっと触っただけですごい音がする鐘と同じようなものなのです。

ですからお釈迦さまは「自分の心を、ひびがひとつ入った鐘にしてみなさい」と言っているのです。ひびが入っていたら、叩いても鐘の音はしません。どんな攻撃を受けても、こちらからは怒りの音は出さないことです。それも、エゴを捨てることと同じです。

People who don't get angry.

怒る原因がないときは誰でも立派

「怒りはひどい猛毒だ」と教える有名な物語があります。

あるお坊さんの話ですが、そのお坊さんは尼さんたちと一緒に話したりして、ずいぶん仲がよかったのです。出家は、独立するためにするのです。ですから、お互いに仲良く話したり、つき合ったり、友だちをつくったり、ということはあまり認めていません。

それに、出家したらやっぱり男性と女性は別々に行動しなくてはいけません。このお坊さんはあまりにも尼さんたちと仲良くしているものですから、やはり批判されました。

このお坊さんは怒りました。尼さんたちも「あんな良い人に対して、なんでいろいろなことを言うのですか」と怒りました。また、尼さんたちの悪いところについて他のお坊さんたちが何か言うと、今度はこのお坊さんが怒り出します。

どうしようもない人なのです。

そこでお釈迦さまに報告したところ、お釈迦さまもとことんきつく叱りました。それから、その人のことを置いておいて、お釈迦さまはある昔話を語ったのです。あるとき、サーワッティという町に、金持ちの女主人がいました。その家には、その女主人の他に、召使いの女の人が一人だけ住んでいました。その金持ちの女性は「人ができていて、怒らない、忍耐のある素晴らしい人」としてたいへん有名で、彼女がちょっとでも怒っているところを誰も見たことがなかったのです。その家からは騒がしい声が聞こえることもありませんでした。

この召使いは「私のご主人さまは、たいへんできた人だ、怒らない人間だ、と町中でずいぶん人気がある。でも、本当に落ち着いている人なのだろうか。もしかすると、私がしっかりと仕事をしているから、怒る機会がなかっただけかもしれない。ご主人さまが本当に落ち着いている人かそうでないか、ためしてみよう」と考えました。

そしてある日わざと朝寝坊したのです。

この召使いは、何十年もこの家に仕えていて、一度も間違いをしたことはありませんでした。いつも主人が起きる頃には、朝の食事の用意までぜんぶの仕事を終えていました。

それなのに、その日は主人が起きても、召使いはまだ寝ていて何も仕事を済ませていなかったのです。

それで、主人は召使いの部屋に行って、「なんで、あなたはまだ寝ているのですか」と聞きました。そのとき、召使いは主人の目を見たのです。目を見たら「やっぱり怒っている」とわかってしまったのです。そして、「べつになんでもありません」と言ってベッドから起き上がったのです。

そしてその召使いは、「なるほど。この人には怒りがあるんだ。ただ、現れる場がなかっただけだ。よし、次の日も確かめよう」と、次の日も朝寝坊したのです。すると、今度はきつい言葉で「起きなさい。何をやっているのですか。なんでまだ寝ているのですか」と怒られました。召使いはまた「いいえ、べつになんでもありません」と答えるだけでした。

召使いは「二日目の日は怒って、言葉で叱った。じゃあ、三日目も確かめてみよう」と、三日目も朝寝坊をしたのです。

もうそのご婦人は叱るどころではありませんでした。ドアを留めるカンヌキの棒を持って来て、召使いを殴ったのです。その棒は、外からドアを開けられないようにするために使うものですから、かなり大きくて重いのです。

召使いは頭が割れてしまって、からだ中が血だらけになりました。それでも召使いの女の人は、何も言わずに外に出たのです。そして、みんなの前で「あなた方は、私の主人を落ち着いている偉い人だとか言いますけれど、これを見てください。私はちょっと朝寝坊しただけです。それなのに、こんなひどいことをするのです」と言ったのです。

このできごとで、サーワッティの人々は「あの人はとんでもない、すごく怒って召使いをいじめる気持ち悪い女なのだ」と言って、彼女の名誉は一瞬にして消えてしまいました。

この物語でお釈迦さまが何を教えたかったのかといえば、「怒る原因がないときは、誰でも落ち着いて、立派に恰好をつけていられる。でも、それは本物ではない」ということなのです。

二、三週間、修行のためにお寺に入ったとします。それで、修行を終えて、本人が「心が良くなった」と思っても、それは本物ではないのです。「良くなったかそうでないか、社会に戻って確かめてみろ」ということです。みんなが自分のことを褒めているときに怒らないのは、当たり前ですね。そういうときに「私はあまり怒りません」などと偉そうなことを言うのは感心しません。条件が揃えば、すぐに怒ってしまうかもしれないのですからね。

怒る条件が揃ってないときに怒らないのは、べつに褒められるほどのことではありません。本当に「怒りがない」ということは、怒る条件が揃っていても怒らないことなのです。みんなにけなされているときでも、ニコニコできることなのです。

どんな心で叱られても、怒らないこと

人間が人間を叱る場合、いろいろな方法がありますが、それをお釈迦さまは五つに分けています。

一番目は「叱るべきときに叱ることもあるし、叱ってはいけないときにも叱る

こともある」。

二番目は「根拠があって叱るときもあるし、根拠がないのにもかかわらず叱るときもある」。

三番目は「やさしい言葉で言うときもあるし、きつい言葉で言うときもある」。

四番目は「本当に意味のある役に立つ言葉で叱るときもあるし、どうでもいい無駄な言葉でただ叱るだけのときもある」。

五番目は「相手に対して、慈しみをもって叱るときもあるし、単なる怒りで叱るときもある」。

人の言葉はこのように五つに分けられるのです。人が自分に対して、根拠があってしゃべっても、根拠がなくてしゃべっても、落ち着いていましょう。偉大なる心を持ちましょう。

人が自分に対して、慈しみの心でしゃべっても、怒ってしゃべっても、嫉妬してしゃべっても、心は広く持ちましょう。どんなときでも、心が落ち着いていられるように生きてみることです。

何があってもびくともしない心をつくる

どうすれば、そのような心を持てるのでしょうか？　それはたとえばこういうことです。

人が地球に腹を立てて、鍬《くわ》を持って来て、「この地球め。鍬を使って地球をあっちこっち掘り起こしてやるんだ。掘り起こして、この地球を台なしにするんだ。破壊してやるぞ。なくしてやるぞ」と地球をいじめるとします。

でも、ちっぽけな人間が鍬で穴を掘ったからといって、地球をいじめることや破壊することなんてできませんね。このような心を持つことです。

「私は地球のような心をつくります。人から、鍬みたいなものでちょっと穴を掘られたからといって何も動きません。地球のような心を持ちます」

と自分に言い聞かせてみましょう。

次の譬えは、ある人がいろいろな色の絵の具を持ってきて、空に絵を描こうとする話です。

「この空にいろいろな色で絵を描いて、色で染めてしまおう。好き放題、空で絵を描いてやるぞ」と思う人がいたとしても、空に絵を描けるでしょうか？

ただ本人の手が汚れるだけですね。

これを逆に考えると、「人からどんなことを言われても、私は空のような心でいます」と決めている人の心には、誰も絵を描くことはできないということです。その絵というのはつまり、怒りのことなのです。「人が優しい言葉をしゃべっても、きつい言葉をしゃべっても、あの五つの中のどの言葉を言われても、落ち着いているぞ」という人間を目指してください。

もうひとつ、インドの譬えです。

昔は、懐中電灯というものはありませんでしたから、木の枝などを束ねて、そこに火をつけて持って行きました。人がその小さな松明《たいまつ》を持って、ガンジス川に行って、「ガンジス川の水を温めて、ぜんぶなくしてやろう」と思って、自分の松明をガンジス川につけてみたら、どうなるでしょうか？　まさか、ガンジス川の水が温まって沸騰して蒸発してなくなるなんてことはありませんね。ただ松明が消えるだけです。

ですから他人から何か言われたときは、「私は何を言われても、ガンジス川のような心で接します」というふうに落ち着いているのがいいのです。

How to control anger.

第4章

怒りの治め方

How to control anger.

自分の心にある「怒り」に気づくこと

何度も言うように、人間は、怒らないほうがいいのです。本当にいいのは、怒らない方法を探すのではなくて、ただ怒らないことです。人を殺したり、殴ったり、批判したりという、あらゆる恐ろしいことがこの世の中で起こるのは、その人が怒っているときに限られています。

世界をよく見てください。

誰かがすごく怒って、人を殺しているでしょう。人を侮辱したり、批判したりしているでしょう。国同士で戦争しているではないですか。

私は嘘や冗談を言っているわけではないのです。怒っているときは、その人はただの化けものか鬼であって、人間ではありません。皆さんだって「あの人は、怒ったらもう鬼です」とよく言うでしょう？

一回でもそれくらい恐ろしいのですから、回数を重ねてはいけません。怒りの回数を重ねることほど怖いものはないのです。「たとえわずかでも、怒ることはすごく恐ろしいことだ」と自分に言い聞かせてください。もしも怒ってしまったら、すぐ「あっ、自分は生命の次元でどん底に落ちた。ここにいてはいけない」と一刻も早く気づいて、人間の次元に戻って来るようにするべきなのです。

動物以下の無知な生き物にはなりたくないでしょう？　だったら「怒るのは、最低で無知な人である」「怒るのは、人間性を捨てることだ」ということを理解してください。「怒っている自分には、理解力も合理性も客観性も何もないのだ」ということを心の底から受け止めてください。それができるようになると、もう怒れません。努力して怒りを抑えこむのではないのです。自分の心の怒りに気づいたら、怒れなくなってしまうのです。ぜひチャレンジしてみてください。

怒りを「抑える」「我慢する」は大間違い

怒っている人は、怒りが人格そのものになってしまっているのです。智慧も知識も理解能力もありません。怒っている人は常に愚か者です。

けれど怒りは抑えれば消えるようなものではありません。「怒りを抑えて」とか「我慢します」とか、そんな言葉をよく耳にしますが、そんなことでは怒りは消えません。怒りが生まれた場所は本人の中にあるのですから、「我慢します」と歯を食いしばったところで、内側の怒りはそのままです。「怒ったら我慢するんだ」というなら、死ぬまでずっと我慢しなくてはいけないことになります。

こういう場合、西洋的な考え方では「ストレスは発散しろ」というふうに勧めます。怒りをウワーッと爆発させて、ガス抜きしようという発想です。

でもこの世の中で、これほど危ないことはありません。「発散したら、せいせいする」というのは、怒りなどの感情を正当化し、原因を見ずにごまかすという考え方です。この理屈にしたがえば、「また怒ったら、また発散すればいい」ということになります。根本的な解決には、まったくなっていません。それに怒りの発散は世の中に迷惑をかけますから、褒められたことではありません。

わかりやすい例を出しましょう。私が足に怪我をして、痛くて困っているとします。そこに誰かが来て「あなたは足を怪我して痛いんでしょう？　私がその痛みを感じないようにしてあげましょうか」と提案します。「はい、お願いします」

と答えると、その人は野球のバットを持ってきて、私の足を思い切り叩くのです。私の膝は折れてしまい、もう宇宙の星がぜんぶ見えてしまうほどの痛みです。でもお蔭さまで、もともとの足の怪我の痛みはもう感じません。

たしかに、その人が言った通りにはなっているのです。「まだ、あの怪我は痛いですか?」と聞かれれば、その部分はもう痛くないのですから。でも膝の骨は折れ、別のひどい痛みが生まれています。ストレス発散の原理は、それと同じで、小さな痛みを大きな痛みでカムフラージュしているだけのことなのです。

怒りを観られた瞬間、怒りは消える

怒りとは自分の中から生まれるものですから、解決方法は、「毒そのもの」を抜くことしかありません。ヴィパッサナー瞑想法(お釈迦さまが教え、悟りの智慧をひらく瞑想法)でいう、「今の瞬間の自分に気づくこと」です。それが世の中でいちばん科学的な、怒りの毒を抜く方法なのです。

ですから、怒りが生まれたら、「あっ、怒りだ。怒りだ。これは怒りの感情だ」とすぐ自分を観てください。怒りそのものを観察し、勉強してみてください。「今この瞬間、私は気持ちが悪い。これは怒りの感情だ。ということは今、私は怒っているんだ」と、外に向いている自分の目を、すぐに内に向けてください。

最初は、「人が何か言うと、すぐに怒ってしまう」というところまでは仕方がありません。でも、それからも延々と人の言葉に振り回されるのではなく、怒った瞬間に「これは怒りだ。怒りだ」と観てください。

そうすると、怒りは生まれたその瞬間で消えてしまうはずです。消えてしまったら、心は次の瞬間を感じようとすることができます。

怒りが消えると、すごく気持ちがいいのですよ。たとえば頭が痛いときに鎮痛剤を飲めば、痛みは消えて、霧が晴れたように気持ちよくなるでしょう？　それと同じで、怒りが消えたら、すごく気持ちが良くなるし、元気になれるのです。すぐに幸福を感じられるでしょう。

そこまでいくと自分にも自信がついてきて、「あっ、怒りが消えちゃった。我ながら自己コントロールがうまいものだ」と自分を褒めてあげることができます。そうなれば、いつでも怒りの感情に悩まされることなく、おだやかに人の話を聞いていられるのです。

怒りを治める方法というのはそれなのです。すぐ自分の心を観ること。心を観ることで怒りはすぐに消えます。いろいろなことをやらなくてもいいのです。簡単で、瞬時にできることなのです。心理学の知識もカウンセリングも、まったく必要ありません。

いちばん大事なことは、「自分を観る」、ただそれだけです。このことをしっかり覚えておいてください。

仏教では、「今の自分に気づいていない人」のことを「愚か者」「死んでいる人」「寝ている人」という意味の言葉で呼んでいます。怒ったその瞬間に自分の怒りに気づけない人は、怒りの塊になります。それでひとしきり怒ったあとで、「ああ腹が立つ」などと自分が怒っていることを自覚するのです。ひどいときには三年経っても「あのときは腹が立った」などと思い出して、また怒って、そのたびに自分を何度も破壊することになります。

How to control anger.

怒ったら「自分は負け犬」と言い聞かせる

怒ってしまったら、すでにその瞬間に幸福は危機に瀕しています。一刻も早く怒りの炎を消さなければなりません。

ここからは、怒りを治める方法について、なるべく具体的にお話ししていきますが、その前に、大事なポイントを確認しておきます。それは「怒るのは負け犬だ」ということです。臆病で弱くて自信がない人ほど、偉そうに怒るのです。怒る人というのはすべて、自分にはまったく自信がないし、社会に堂々と胸を張って生きていられない人なのです。なんでも怖がる腰抜けというか、間抜けというか、そんな性格なのです。自分の中身のなさを知られたくなくて、みんなに怖い顔を見せて近寄りがたくして、負け犬の遠吠えをしているだけ。虚勢を張って、恰好をつけているのです。

会社の偉い地位にいても、部下をさんざん叱ったり、怒鳴ったりする人がいるでしょう？　あれはまったく中身のない空っぽな人で、人格なんてものもありません。すごく頭が悪いから、それで怒るのです。もちろんけっしてまともなリーダーではありません。

ですから、まずは覚えておいてください。「怒る人は、負け犬以外の何者でもない」ということを。

動物の世界でも、強い者ほど怒らない

性格的には、怒る人は人間の中でも最低です。何にもできない負け犬です。

動物の世界を見てみても、それはよくわかります。弱い動物はやっぱりすぐ怒ります。人間に向かってよく攻撃してくるのは、小さくて弱い動物が多いでしょう？　反対に堂々たる動物ほど怒りませんね。

たとえば森の中でいちばん大きい動物は、象です。王さまのように堂々たる姿で、あっちこっちに行って、枝をちょっと切り、草や葉をちょっと取って食べています。しかも象は、草や葉を取ったら、それを力強く振るのです。すると、土

や虫がぜんぶ落ちて、草や葉がきれいになりますし、虫をうっかり一緒に食べて殺してしまうこともありません。それくらい誰にも迷惑をかけない生活をしています。

鹿は、虎が湖で水を飲んでいたら、湖に寄ってこないで隠れています。でも、象は、水を飲もうと思ったら虎がいようがライオンがいようが、関係なく湖に入ります。象は虎やライオンが一目置くほど強いからです。

人の言うことをぜんぜん聞かない動物といえば、サイです。インドでは、サイの面倒を見るのに象を使っています。人間だけでは近寄れないので、象に乗って行くのです。人間の言うことを聞かないサイも、相手が象だと勝手が違います。象はべつにサイを踏んだりするわけではないのですが、サイにとっては「こいつに踏まれたら危ない」という存在ですから、自分から避けます。検査のためにサイに麻酔銃を撃たなくてはいけないとき、係官は象に乗ってそばに行ってから撃つのです。

負け犬の母親を持つ子供は不幸

負け犬は例外なく、しょっちゅう怒っています。だからひと目でわかります。たとえば、母親が負け犬の性格で、子供の面倒を見る自信がないということがあります。そんな親子の場合は、子供が泣いたりするとすぐに母親が感情的になって怒ります。母親は怒りながらも「怒ってはいけない。子供をなんとか慰めなくてはいけない」と無理に自分に言い聞かせて「自分の子供だからかわいいのだ」と思おうとするのですが、怒りというものがわかっていないので、やっぱりうまくいきません。

それでストレスが溜まって、神経質になって、ますますヒステリックになります。行き着くところまで行くと、完全に病気になってしまって、自分の子供を殺そうとすることさえあるのです。べつに愛情がないわけではありません。けれどそういう人は、最初から負け犬なのです。

反対に、自信のある母親は、子供がいくら夜泣きやいたずらをしても怒ったりせず、それをうまくコントロールします。「こらっ、何をやっているんだ」と子供に怒鳴っても、それは表面上のことで、感情的に怒っているわけではありません。だからきちんと筋の通った命令もできます。子供のプライドや立場を理性的に配慮して、傷つかないようにしてあげられる。そういう母親は、きちんと子供を育てることができるのです。

「怒らないこと」と「甘やかすこと」は違う

本当に力強い人、本当のリーダーはけっして怒りません。いわゆる「真人間《まにんげん》」は怒らないのです。怒るのは偽物だけです。ですから怒りを治める方法を身につけることで、我々は真人間、真のリーダーになれるのです。怒らない人がリーダーになるのは当然です。

でも、「怒らない」ということは、何にでも「はい、いいですよ。いいですよ」という態度ではありませんよ。ここは誤解されがちなところなので、少し説明します。

ある人の子供が、目の前で悪いことをしていたのです。彼女は「怒ってはいけない。お坊さまからそう聞いたのだから」と思って、子供が悪いことをしているのにもかかわらず、ただ見ていたのです。「はい、はい、わかりました」と言って腰を下ろしている。

それを見て、私は「これはいけない。こんなことでは子供にとってよくない」と思いました。

わが子に対して本当に愛情があるなら、「そんなことをやってはいけません」ときっぱり言わなければいけません。ところが、その人は「そんなことをする子は、お母さんは嫌いですよ。そういうことは恰好悪いのだから」とすらも言えなかったのです。これは正しい道ではありません。

本当の愛情や自信があれば話は通る

本当の愛情があって、怒りがなければ、人間は王さまのような感じで生きていられるのです。誰かが悪いことをしていたら「それは悪いことですから、やめなさい」と言うだけ。それだけで終わるのです。

怒らない人は自信があって落ち着いているから、怒っている人が相手でも感情のぶつけ合いになりません。理性的で思いやりがあれば、相手の立場に立って助言できます。それで怒っている人もプライドを傷つけられることなく、抜いた刀を納めることができるのです。

自分の主張を聞いてもらえないときのことを、思い出してください。そんなときは自分の心の中に落ち着きも自信もないのではないですか？　だから、繰り返し何回も同じことを言うのです。そんな状態でいくら言葉を重ねても、相手は話を聞きません。

逆に「それは良くないからやめなさい」と言ったときに相手側がきちんと聞いてくれたなら、言った人には自信があり、正しいことを言っているのです。これは、会社などでもよく見受けられることですね。

自信がないのに自分の言うことを聞いてほしいと思う人がたくさんいるから、世の中は無茶苦茶になっているのです。負け犬の話が通る道理はないのですが、それが気に入らないからまた怒る。世間が悲惨なのは当然です。

「何をされても怒らない」を自分に課す

「ノコギリの譬《たと》え」と呼ばれている説法があります。仏教徒のモットーを鮮やかに示したお話で、怒りをなくす方法について具体的に語っているのです。

ただこの話は、誰にでも受け入れられるものではありません。まず、正直者である必要があるのです。「へえ、誰だって正直でしょう。正直でない人もたまにはいるかもしれませんが」と思ったでしょう？　本当に正直な人間というのは、残念ながらなかなか世の中には見当たりません。「自分は正直者だ」と心の底から思うなら、人間はみるみるうちに人格向上していくのです。

実際のところ、みんな良い人間になろうとがんばってはいるが、なかなかそうはなれません。その理由を知っていますか？　「良い人間になりたい」という気持ちは正直な気持ちではありません。人間は心底「私は正しいのだ」という気持ちで生きているのです。世界の人々とくらべて、「もっと頑張らなくては」「怒らない人間にならなくては」「嘘を言わない人間にならなくては」うんぬんと思い起こしたりする。それは、本当の気持ちではありません。本当の気持ちは「私は正しいのだ」ということです。「自分で気づかない根本の気持ち」と「自分で気づいている気持ち」が正反対なのです。正直者というのは、この矛盾が少ない人のことです。その人にこの方法は有効です。

お釈迦さまは「たとえば、恐ろしい泥棒たちが来て、何も悪いことをしていない自分を捕まえて、『こいつを切ってみよう。面白いよ』とそれだけの理由でノコギリで切ろうとするとしよう。そのときでさえ、わずかでも『嫌だ』と怒ってはいけない。わずかでも怒ったら、あなたがたはブッダの教えを実践する人間ではない。だから、仏弟子になりたければ、それぐらいの覚悟で生きてほしいのだ」とおっしゃいました。

なぜならば、怒りは人間にとっては猛毒だからです。それくらいお釈迦さまは、怒りというものを人々にコントロールしてほしかったのです。

正直であれば、これを覚えておいて実践することはできます。お釈迦さまは「怒るのはいけない。怒りは毒である。殺される瞬間でさえ、もし怒ったら、心は穢れ、今まで得た徳はぜんぶ無効になってしまって、地獄に行くことになる。だから、殺される人は損をするのだ」とまで言いたかったようです。

まずは、「何をされても怒らない」ということを自分に課してみましょう。そうすると、「ちょっと失礼なことを言われた」とか「無視された」とか「姑さんにいじめられた」とか、そんなつまらないことでは怒れなくなるはずです。

「殺されそうになっても、私は殺す側に対して怒りは持たない」というほどの覚悟があれば、世の中に生きるということくらい、なんのこともないのです。

How to control anger.

正しい「平等」を理解する

生命の権利はみんなに平等です。からだの形によって、生き方が変わっているだけです。この生命の平等ということがきちんとわかると、怒れなくなります。ゴキブリは台所に隠れていますね。家で飼っている猫は、自分用の餌をもらって食べています。ネズミは、みんなが寝静まった頃に出て来て、残りものを食べます。でも、それはそういう「からだ」だから、としか言えません。人間は、隠れないで堂々と生活していますが、からだにそれぐらいの差があるというだけで、べつに偉いわけではありません。生命としてはみんな同じです。

ですから、私たちには他者に怒る権利はまったくありません。もしも怒ってしまうなら、それは「平等」ということをわかっていない証拠です。

すべての生命にはそれぞれ悩み、苦しみがあって、それは等価です。誰の悩みがとくに重要ということはありません。その苦しみを互いにぶつけ合ってしまったら、どちらも「私が正しい」というだけで折り合いのつけようがないので、どちらも生きていられなくなります。「私の悩みは私の悩み、向こうの悩みは向こうの悩みで」というふうに、平等の気持ちを持つようになると、自我はどんどん消えて、怒ることもできなくなります。

たとえ自分の子供が相手でも、怒るということは「平等だ」と思っていないからです。我々、僧侶も同じです。弟子たちに対して「弟子だから」と怒るのはよくないことです。からだはだいたい同じでも、別の人間ですから、勝手に怒る権利はないのです。

学校の先生と生徒たちも平等であり、校長も教頭も平等ですから、悪い行いそのものに注意するのは正しくても、互いに他人に怒る権利はありません。

もし自分が悪くもないのに目上の人に怒られたら、「ちょっとの間放っておいてあげよう」と思うことです。また自分の目下の人々に対しても「みんな同じ人間ですから、お互い話し合って問題を解決しましょう」という態度で接することです。「平等」という概念は、このように使えば本当に素晴らしいものなのです。

How to control anger.

「生きがい」などにこだわらない

ふだん、我々は心の中に何か拠りどころがあって、「これが私の幸福だ」と決めつけています。「これがある限りは幸福だ」と思っているのです。「美味しいものが食べられたら幸せ」「子供は私の宝物」「海外旅行に行きたいから頑張る」など「生きがい」にしているものがあって、「それがあれば幸せです」という態度でいるのです。

では、その何かがなくなったら、どうなるでしょうか。

今度は逆に、すごく不幸を感じることになってしまうのです。

「子供を育てることが、私の生きがい」と言って元気に頑張っている女の人がいたとします。そういう人は、子供がみるみる大きくなって家から出て行ってしまうと、張り合いをなくしてすごく寂しくなって、強烈に不幸を感じてしまいます。それからあとは、もう怒りだけです。「私がここまで育てたのに、無理をして贅沢もさせてあげたのに、子供は私のことを見ようともしない」と文句を言い始めるのです。

そうするとどうなるでしょう？

その人は、独り立ちした息子さんをいじめて、息子さんのお嫁さんをいじめて、片端から人に当たって、みんなに「嫌な人だ」と思われてしまいます。からだもどんどん悪くなって、ひどい不幸を味わうことになるのです。

会社員も同じです。「仕事が生きがいだ」と思っていると、引退したらやることがなくなってしまいます。それが寂しくて、見る見るうちに病気になって死んでしまうのです。

こんなことにならないためには、何があろうとも拒絶せず、状況を受け入れて楽しむことです。つまり、仕事があるなら仕事を楽しむ。仕事が終わってからは老後を楽しむ。孫が来たら、孫と遊んで楽しむ。そういうことです。

「これが私の生きがいだ」などとこだわることはありません。そんなものは自分で勝手に決めたものですから、心の持ち方しだいで、どうにでもなります。一日孫と遊んだら、からだがクタクタに疲れますね。だから、孫が帰ってしまったら

「やっと自分の時間に戻ったんだ、ゆっくり休もうではないか」と思えば、そこでまた別の楽しさが生まれてくるのです。孫がいないことを「ああ寂しい」と思うのではなく、「昨日は孫にあっちこっち引っ張られて、たいへんだった。今日はゆっくり、のんびりできるんだ」というふうに切り替えることです。

このように、状況がどのように変わっても、それを拒絶したり否定したりしない心を育てれば、そこには怒りの生まれる余地はありません。ずっと幸福というものを味わえるのです。

人生を破壊するほどの問題なんてない

たとえば、会社でいじめられるという場合は、「大事な仕事を任せてくれない」とか「やってもやらなくてもどうでもいい仕事ばかりやらされる」とか、「何をしても評価されない」とか、そんなところでしょう。本人は確かにつらいでしょうが、それによって自分で自分の人生を破壊する必要はないでしょう？　自分の明るさだけは消さないように守ると、そういう問題はすぐに解決するのです。

会社がある人をクビにしたくて、その人に仕事を与えないことにしました。その人は毎日会社に行っても座っているだけなのですが、人一倍プライドがあるため、その状態でいるのがすごくつらいのです。

もし私がそういう立場に立たされたらどうするでしょうか？　そうですね、新聞や雑誌や読みたい本を片端から会社に持っていって、足も机の上に投げ出して、一日中、それを読みましょうか。そしてときどきコーヒーを入れたり、紅茶を入れたり、それをみんなに配ったり、お菓子を食べながら過ごします。それで、時間がくれば定時に会社を出てしまいます。「やりたくても仕事がないのですから、私はこの時間を思う存分自分の好きなように使いますよ」と、その状態を堂々と受けるのです。

その態度に向こう側が怒って、「あんたは、よくも本を読んでいられるもんだ」などと言ってきたら、「それでは、どうすればいいんですかね？　私はやることがないんですから、せめて元気でいることにします」とか「あなたたちはしっかり仕事をしたらいいじゃないですか。しゃべっている時間なんてないでしょう。仕事があるのに」と答えれば、もうそれでこちらの勝ちです。

ためしに同じようなことをやってみてください。一日か二日やると、問題はぜんぶ解決するはずです。自分も楽しいし、負けてもいません。

なくてもよい見栄やら自我やらいろいろなものがあるから、「これは会社のいじめだ」とか「私をクビにしたいんだ」とか「解雇したら会社がお金を余計に払わなくてはいけないから、自分のほうから仕事を辞めてほしいんだ」とか、あれこれ考えて悩んだりするのです。

けれど実際、この社会にあるいじめなど、大したものではありません。そう思えるようになるために、自分が怒りそうになったら、お釈迦さまの言葉を思い出すとよいでしょう。

「たとえ泥棒が来て、私をノコギリでバラバラに切っても、私は怒らない。怒ったら私の負けだ」

それで怒りはすぐに消えてしまいます。

How to control anger.

エゴは自分の足枷

人間は必ず何かしらの肩書やエゴを持っていますが、それは自分の足枷《あしかせ》でもあります。

エゴは、自分が背負う十字架のようなものです。なんのために十字架を運ぶのかというと、自分を殺してもらうためなのです。ためしにエゴでプライドをつくってみてください。怒りそのもので、自分を破壊することになってしまいますよ。思う通りに事が運ぶことなどあり得ないし、そのたびにいちいち怒っていたら、身の破滅です。

エゴを持って生きている人々は、エゴとともに限りない苦しみを持って生きるのです。社会となんの調和もなく、むしろ社会に逆らって生きてゆくことになります。

新約聖書が伝えるイエスさまの最期を知っているでしょう？　イエスが処刑

されることに決まったときのことです。「この人を殺すべきだ」と言ったのは向こう側だから、向こう側が十字架を立てるべきでしょう。それなのに、残酷なことに、その十字架をイエスに運ばせたのです。イエスは自分を殺す道具を自分で運んだのです。イエスさまの場合は、これは他人の強制で仕方がなかったことです。しかし我々は、喜んでエゴという十字架を背負っているのです。

ですから、ここでお話しする方法は、「エゴを捨てる」ということです。

エゴを捨てるといっても自分の名前まで忘れてしまう必要はないのです。たとえば田中さんという人が「田中さん」と呼ばれてもまったく反応せず、「あっ、私は田中でしたっけ？　エゴがないから、名前も忘れていた」などというところまでは、必要はありません。自分の名前ぐらいは持っていていいのです。でもそれ以外は何も持たないと決めてください。たとえば私が「あなたはどなたですか」と聞いたら、「田中です」、それだけで結構です。そうたずねられて、「私は何々、こうこうこういうことで、これだけのものである田中だよ」と言うようであれば、その人はその分だけすごい苦しみを背負っているのです。

「自分は偉い」というエゴを捨てる

そもそも、我々はどうして「私は偉い」などという勘違いをしてしまうのでしょうか？

それはエゴが目を曇らせてしまうからです。我を捨てて世界を見、行動すれば、そのような思考が生じることはありません。

「私は何者でもない」「大したものじゃないのだ」と思ってしまえばいいのです。東大を卒業した人であろうとも、誰かが「あんたはこの部屋を掃除しなさい」と言ったら、すぐに「はい」と言って掃除すればいい。それだけのことです。

ところが現実の社会では、東大を出た人が「部屋の掃除をしなさい」とでも言われたら、たいへんな問題になってしまうんですね。

女性なら「お茶を入れなさい」と言われて悩む人もいます。それでからだを壊してしまったり病気になってしまったりする。もう見ていられないほどの状態になるのです。

けれどよく考えてください。ただ「お茶を入れなさい」と言われただけなのに、悩んだり苦しんだり、怒って自分の健康まで害したりするなんて、本当にバカげたことですよ。

「お茶を入れて」と言われたら、お茶を入れればいいのです。べつにどうということもありません。会社に行ったらどうせ終業時間までは会社に縛られているのですから、お茶を入れようが、便所の掃除をしようが、すべては給料のうちなのです。仕事をする時間は決まっていますし、その時間にできることも決まっています。ですから、「私にお茶を入れさせるなんて」などと考えずに、自然の流れの中で、できることをやればいいのですよ。

もしも「これを一万部コピーして、きちんと留めて、ファイルをつくってみんなに配りなさい」と言われても、一日ではできないでしょう？　それなら、何日かに分けて自分がずっとやっていればいいのです。そのときにもまた「お茶を入れなさい」と言われるかもしれません。でも、「こんなに仕事があるのに、お茶を頼むなんて！」と考えるのではなくて、「はい。わかりました」とさっさとお茶を入れればいいのです。もしそれで仕事が三〇分間中断しても、できなくなったことに対して自分が怒る必要はないのです。命令した人のせいなのですから、会社にも文句は言われません。

なぜ怒るかというと、余計なプライドやエゴがあるからなのです。それを捨てればほとんどのことは問題ありません。「私は社長だ」「私は部長だ」「私は奥さんだ」「私は旦那だ」。そういうのは余計な概念です。結婚してから「私は旦那だから偉い」と思ったら、亭主関白になってしまって、子供や奥さんをいじめてしまいます。そうすると自分も含めて家庭は不幸になってしまいます。

「自分はダメな人」というエゴを捨てる

「私はこれほどの者だ」と思うのと同じく、「私には能力がない」と思うのもやはりエゴです。「この人にはいろいろな能力があるが、私にはそんな能力がないから悔しい」と思うから、相手をねたむ気持ちが出てくるのです。自分に能力がないことが嫌で、能力がある人に対して怒りを感じるのです。

けれどあなたに能力がなくても、なんの不都合もないでしょう？　その仕事をあなたがしなければならない理由はありません。できる人がやってくれます。何事においても、各人が能力に応じた仕事をすればいいというだけの話です。「私が」「私が」というエゴを捨てれば、なんの問題もないのです。

絵を描けない人はわざわざ描かなくてもいいし、描ける人は描いたらいいのです。それなのにどうして、ピアノを弾けない人がピアノを弾ける人に対して、怒ったり、悔しがったり、意地悪をしたりする必要があるのでしょう？　弾けない人は、聴いていればよいではないですか。ピアノを上手に弾ける人がいるのなら、聴いてくれる人も必要でしょう？　そう考えれば、怒りも消えてしまいます。すべてのものに完璧な能力がある人など絶対にいないのですから、人それぞれの能力を見つけて、生かせばいいのです。

エゴを捨てれば自由になれる

四十五歳ぐらいの人がコンビニでアルバイトを始めたら、あまり居心地がよくありません。それは「私はこんな歳なのに、誰でもできる簡単な仕事でしかお金を稼げない」などと思うからです。

他の会社から誘いがきても、勤めている会社はなかなか辞められません。今の会社での経験や立場を捨てて、ゼロからスタートしなくてはならないからです。上司が自分より年下だったりすると、なおのことです。

面接する人が三〇歳で、面接を受ける側が四十五歳だとしたら、面接する人は「私は若者だ」というエゴを持っていて、面接を受ける側が「私は経験豊富で年上だ」というエゴを持っていますから、お互いにやりにくく感じます。

いずれも日本ではありがちな光景ですが、こういうことでは困るのです。人間の自由がなくなっているのです。良い仕事や面白い仕事があるとわかっているのに、行けないことになるでしょう? そうすると、給料も良くて面白い仕事に出会う機会をどんどん逃してしまうことになるのです。

そうではなくて、「あなたには、どういう経験がありますか」とか「どういう仕事ができますか」と純粋に能力や経験だけに焦点を当てて面接したら、いい結果になりますよ。エゴがなければ、自分の上司がいくつ年下であろうが関係ありません。いい仕事をすることだけに集中して、気楽に仕事ができるのです。

このように、すべての問題の原因はエゴといってもいいくらいです。だから

「名前だけで十分です。名前だけにします」と決めれば、そこですべての苦しみはサッと消えるはずです。

「他人に負けたくない」というエゴを捨てる

人間とは、基本的に負けたくないのです。「負けず嫌い」という言葉もよく使いますね。その「負けず嫌い」にも、二種類あります。

ひとつは自分にエゴとプライドを持って、「俺は他人に負けたくはない。負けるのは嫌だ」と思って戦うことです。それはエゴですから、仏教的に見れば間違っています。何かに、誰かに「負けたくない」と思うことは、けっして良いことではないのです。

もうひとつはエゴと関係なくて、正しい「負けず嫌い」です。それは、「自分に負けてたまるか」という気持ちなのです。「真剣に問題にぶつからないで、負けてしまった。自分の怠け心に負けたせいだ。もう二度と負けないぞ」という場合は、やるべきことをやらなかったことを恥じているのです。この場合、自分を戒めているのであって、エゴではありませんね。

自分がすべきことを精一杯するだけでよい

「私はこういう仕事をしなくてはいけない」「今日は、私が料理をつくらなくてはいけない」というのは、自分へのチャレンジです。それはべつに、誰かに褒められたいというのではありません。そうではなくて、「怠けて中途半端にやるということはしたくない。やることは、精一杯しっかりやりたい」という態度なのです。

料理でいえば、「みんなにおいしく食べてもらえるように、ひとつも文句を言われないものをつくろう」と真剣にやることですね。ある面では負けず嫌いの性格なのですが、負けたくない相手は他人ではなく自分だから、これはいいのです。

覚えておいてください。人間は、自分がやるべきことをきちんと精一杯やれば、それでいいのです。他人との勝ち負けなど、一切考える必要はありません。

小さな「成功」をつなげて人生をつくる

人生というのは、何かをやって少しでも成功すると楽しいものです。ですから、我々は日々、「どうしたら成功するだろう?」と計画して生きればよいのです。

計画の長さは、一〇分ぐらいで充分です。一〇年あとで成功するぞ」と思って何か計画を立てると、それは苦しいのです。そうではなく、「この一〇分で、自分がやらなくてはいけないことをやり遂げるんだ」「この一〇分間でやることは、精一杯やって成功するんだ」というくらいがちょうどいいのです。そうすれば、成功するたびに喜びや幸福感を覚えられるのです。そうした小さな計画のユニットをつなげて、自分の人生にするのです。

計画の成功を阻むのは、怒りです。怒った瞬間に、計画は失敗してしまうのです。我々は、ほんのわずかな瞬間に怒るでしょう? たとえば、手紙を書いていてちょっと字がうまく書けなかったり間違いがあったりすれば、その瞬間に「ああ、嫌だ。ミスばかりだ」とわずかですが怒るのです。また、機械がうまく動かなかったりすると、「なんで、これは動かないんだ」とか言いながら、条件反射的に叩いたり蹴ったりする。そのときにはもう怒っているのです。

「怒り」は「負けた」と同じことです。負けると悔しいし、悲しいし、楽しくはないでしょう？　つまり、不幸を味わっているのです。そして不幸を味わうことは、自分の人生に負けたということでもあるのです。

反対に、怒るべきことがいっぱい出ているのに怒らない場合、その人は確実に勝っているのです。いつもの毎日の中で、いつもならここで怒り出すはずの瞬間に、怒らないように心掛けてみてください。そのあとの状況は、必ず自分の希望通りに運ぶはずです。

怒らないでいる瞬間には、自分がその状況に打ち勝っているということを、しっかり感じて覚えておいてください。そうすれば負け犬にならず、勝利者になれるのです。

How to control anger.

怒りではなく「問題」をとらえる

怒る人は負け犬です。知性のかけらもありません。たんなる怒りで動く肉の塊です。

逆に、自分の心に芽生えた怒りを瞬時に察知して、怒らないでいられたら、素晴らしいことが起きます。「この問題をどうするべきか」と智慧が働いて、相手の怒りにも勝てるのです。そしてこの「勝ちました」という刺激は、とても気分がいいのです。

ある人が「これはAです」と言い、別のある人は「いいえ、違います。Bです」と言い争っているとします。

でもそこで、三番目に登場した人が「この人は正しい。この人は間違っている」などと断言してしまったら、それは正しくないのです。「この場合は、こういう答えでいいのではないかな」と智慧を使って一緒に解決方法を編み出す姿勢でいれば、相手の怒りも治めることができます。

私は個人的に、結構よくその方法を使っています。自分以外の人の問題やら、いろいろなことを考えなくてはいけないときもありますが、だいたい一年分の仕事でも、一時間以内で解決してしまいますよ。

ポイントは、相手の怒りや言うことにとらわれずに、問題だけを取り出して解決することです。「こんなに口汚く怒るなんて、良くない人間に決まっている」などと思ってはいけません。「悪いのは、その人でなくて怒り」なのです。ですから、「その人はこういう感情でしゃべっている。この人はこういう感情でしゃべっている。けれど実際のところ、問題はこういうことだ」と考えて、「問題はこういうことですね？　だったら、こういう答えではどうだろうか」という話し方をするのです。

自分の立場や都合、意見は捨ててしまいます。そうすると、みんながなんのことはなく受け入れてくれます。

相手の怒りには「智慧」で勝つ

私のところには、ときどき、延々と議論したがる人々がやってきます。そして、「これはいけません。こんなことをやったら困ります」といろいろと言い始めるのです。

でも私は、話し合うときには感情でしゃべることを許しません。「ちょっと待ってください。気持ちではなくて、何が問題なのか、なぜ問題なのか、そのポイントだけおっしゃってください」と言います。

そうすると、たいていの人はそんなにしゃべれなくなってしまうのです。そしてしばらく考えているうちに心が自然に整理されて、問題がしっかりと把握された状態で出てきます。それに対して、きちんと「そういう場合は、こういうことではないかな」と言えば、相手は「ああ、そうだ」と自分の答えとして納得して受け取ることができます。

それで、私が最終的に「まだ何か言いたいことはありますか」と聞くと、みんな「大丈夫、大丈夫、何もないです」と言います。そして、仲良くなってしまうのです。

こちらが智慧を働かせた結果、「何時間も議論するところだったのに、何も議論なしに問題は終わった」ということになります。自分としてもうまくいって気持ちがいいですし、たくさんの人の怒りが消えたことになるのです。

わかりやすく言うとすれば「相手の怒りに智慧で勝つ」ということです。相手の怒りを乗り越えることはすごく面白いし、乗り越えたら自分にすごく自信がついてくる。そう覚えておいてください。怒ったら負けです。でも、怒りっぽい相手に勝つのはとても簡単なのです。

攻撃には水晶玉のように対応する

「何があっても怒らない」ためには、まだ乗り越えなくてはならないことがあります。誰かが、どうしても怒らなくてはいけないようなことをしたらどうすればいいか、ということです。

もしもその人が、自分の世界だけで悪いことをしているならば、それに対して怒ることはまずないでしょう。おかしいところを見つけて、ニコニコと笑いながら説明して教えてあげればいいのです。

でも、自分に対していろいろなことをしてくるようになると、それは問題ですね。自分が何も悪いことをしていないのに、相手が自分に損をさせたり、自分をけなしたり、自分をバカにしたり、自分を差別したり、陥れようとする。そんなときは、どうすればいいのでしょう？

そんなときに怒らずにニコニコしていたら、とことんバカにされるのではないか、と思ってしまうかもしれません。

でも、誰かが自分をバカにしようとするときでさえ、怒ったら認めたことになってしまって、相手の勝ちになってしまうのです。相手が、「あんたはバカだ」「あんたはとんでもない人だ」「あんたは無責任な人だ」などと、自分をさんざん批判したとしても、それに対して怒ったら、ぜんぶ認めたことになるのです。

相手が何か勝手な誹謗中傷を言ったとしても、それで自分が本当になめられるわけではありません。何を言われても「どうぞご勝手に。どうぞご自由に」という態度でいればいいのです。勇気は必要かもしれませんが、それで、一応は解決します。

自分を水晶の玉のようにイメージするのもいい方法です。心を、光り輝いている水晶の玉のようにしておけば、相手からどんな色の水をつけられても、たとえすごく臭いものをつけられても、拭けばすっかりきれいになるでしょう？　そういう心を持っていれば、外からの攻撃にはだいたい対処できてしまうのです。反対に、スポンジのようにたっぷりと吸い取ってしまったら、負けなのです。

「きつく教えること」と怒りとは違う

それでも相手が自分を攻撃しようとするのなら、力強く教えてあげましょう。力強く教えることは怒りではありませんから、いいのです。社会にも、他人にも迷惑をかける人がたまにいますが、そういう人は無知の塊です。そういう場合は、その人に「二度とそういうことをするな。そういうことをしたら、私もそれなりに対応する」ときつく言ったほうがいいのです。

いくら「私は怒りません」といっても、自分を小さくして逃げる必要はないのです。そうではなくて、堂々たる精神は怒りとは無縁ということです。ですから、きつく教えるときも、怒ったら自分の負けになります。

けっして怒らずに、智慧や知識を使って「あなたがまた同じことをやったら、私もしっかりやり返しますよ」と言うと、相手のほうもすごく怖くなります。ここで怒りながら言ってしまうと、自分も相手と同じ無知な状態になっているのですから、効果がありません。智慧や知識のある人なら、自分に損をさせた人に対して、損させた分だけをそっくり返してあげることができるのです。

やりたい放題の人には鏡を見せる

誰かが殺されたとします。すると、被害者側の人々は猛烈に怒って、犯人に対して「死んでしまえ」などと言ったり、行動したりしますね。日本でもよく見られるケースです。

でもそれは、正しい答えではありません。もしも、私の家族がある人に殺されたとして、私が怒って「あんたも殺してやる」などと言って実行したら、自分も同じ罪を犯したことになってしまいます。

それが正しいやり方でないことはわかりますね。そうではなくて、加害者をちょっとだけひどい目にあわせて、自分の犯した誤りを理解させてあげれば、いいのです。

でも、そのためにはまず自分がとことん冷静にならなくてはなりません。このやり方は、智慧や理解がある人だけができることであって、普通はなかなか実行できません。

たとえば、私をいじめている人がいるとします。それでも私は怒りませんし、

「その人は頭が悪いから、人をいじめようとしているんだ」とわかったら、それなりの対応をします。「この人は本当はバカだから、こういうことをすれば面白いのではないか」と、その人が自分のバカさ加減をちょっとだけ感じられるように、からかい半分の気持ちで何かをしてみるのです。具体的な方法は教えませんよ。ためされでもしたら、怖いですからね。

でも、このことだけは覚えておいてください。自分が落ち着いて怒らないのをいいことに、攻撃したり、けなしたりと、やりたい放題やってくる人がいた

ら、黙って鏡を見せることです。自分が怒る必要はありません。「相手に鏡を見せる」という法則を使うか、相手のやった分だけきっちりやり返すか、私に言えるのはそれだけです。鏡を見せられた相手は、自分の怒っている真っ最中の顔を見ることになるので、相当、怖くなるのです。

ではどのように、相手に鏡を見せるのでしょうか。人が怒って自分をののしっているとしましょう。ののしられたことに反対に悪口を言ったり、自分を弁解したりすると、相手の怒りをまるごと飲み込んだことになります。自分がひどく嫌な気持ちになっているから、ののしっている相手の希望が叶っているのです。ということは、反対に怒り返している自分はすでに相手に負けているのです。そうではなく、ただ黙って鏡を見せるならば、いたって簡単に問題が解決します。

ののしってくる相手に対して「ああ、そちらはすごく怒っているのだ。苦しいでしょうね。手も震えているようだ。簡単に怒るような性格みたいです。これからもいろいろたいへんなことに出あうでしょうね。それで大丈夫ですか？ 心配ですよ」というふうに、とにかく相手が言うことに反論せず、相手の心境を善悪判断しないで心配する気持ちで説明してあげればいいのです。

それは、ののしってくる相手が予測していた反応ではありません。だから、相手の戦略は的外れになるのです。ののしられた側もおだやかな心でいられるのです。このやり方で、両方幸福になります。鏡を見せるということは、こういうやり方です。前にお話ししたエンマさまのエピソードを思い出してください。

How to control anger.

笑えば怒りは消える

怒りを治めるためには智慧が必要ですが、智慧と相性がいいのが「笑い」です。我々は近頃、「笑い」を忘れがちです。「怒り」と「笑い」は両立しませんから、怒らないでいるために、とにかくよく笑うようにしてみてください。人間は笑いを忘れたことによって、ずいぶん不幸になっているのですよ。

まずは「笑って生活したい」と、心に言い聞かせてください。それから「私は今からよく笑う人間になるんだ。恥ずかしがらないで、声を出して堂々と笑うんだ」と心に決めて実践してみるといいのです。理解することは簡単ですが、実際にやってみると、少々難しいかもしれません。

笑いと怒りは正反対の性格です。「何があろうとも笑うんだ」と決めたのですから、怒っても、すぐに笑ってしまえばいいのです。それでかなりの怒りが消えてしまいます。いつでも、よく笑うことを忘れないでください。

笑うことによって病気を治療する方法もありますね。患者さんをいっぱい笑わせてあげると、性格が明るくなって、免疫システムが活性化して、悪い細胞をなくしてくれるそうです。

笑える人ほど智慧がある

怒るのはすごく無知なときだということは何度もお話ししていますが、正しい笑いが生まれるときには知識が働いているのです。我々はどうして笑ってしまうのでしょう？「おかしいから」ですね。「おかしくて、おかしくて、もう笑いころげちゃう」などという言い方もしますが、普通の法則から見ると違和感があり、そのズレがおかしさとして感じられるのです。笑う瞬間にはそれを理解できているのですから、人間は無知でもバカでもアホでもないのです。怒るときはその正反対で、わけもわからない状態なのです。怒る代わりに笑おうという場合には、無知の代わりに智慧や知識が必要なのです。

世の中には、いろいろな文化があります。人を笑わせるための文化にも、コントやら歌やら漫才やら、いろいろなものがありますね。そういうときの話を、ちょっと客観的に見てみてください。笑うのはちょっと我慢して、「なんで、この話を聞いて人が笑うのか」と真剣に観察してみてください。そうすると、笑いのストーリーをつくった人々が、人間の生き方やいろいろなことをきちんと勉強して、理解して、面白おかしくしているということが見えてくるはずです。

智慧と理解がユーモアと幸せを生む

つまり、バカみたいに笑われているわけではないのです。人を笑わせるというのは、かなりの智慧や知識、理解能力が必要なたいへんな仕事なのです。「普通なら、人はこういうときにこうするのが正しい。けれどこの話では、逆さまなことやドジなことをする」と、ストーリーをつくり上げるのです。

常識的なやり方というものがもともと存在するからこそ、それと反対のことをやらせることで、そこに「笑う」という働きが生まれるのです。ですから、笑う瞬間には我々の頭が冴えていて、事実もきちんと見えているわけです。

でも中には、誰かが一所懸命に冗談を言っているのに、笑わない人がいるでしょう。あれはなぜかというと、ストーリーをぜんぜん理解していないのです。頭は理解していないのです。

よく「冗談も通じない人だ」と言うことがあるでしょう。そういうとき、我々はその人に対してどんな印象を持っているでしょうか？「冗談さえ通じないなんて、呆れたもんだ。この人はバカじゃないか」ということではないですか？　笑うときには、それと一緒に「理解」という頭が働いているのです。そうでないと、ユーモアは生まれないのです。

まずは、とにかくよく笑ってください。笑う瞬間は幸福でもあるし、免疫作用が活性化するし、顔色も美しく健康的になります。それに、よく笑う人というのは、それだけでみんなに愛されますから、いろいろな面で幸福になれるのです。お化粧やおしゃれには、かなりお金がかかってしまうでしょう？　笑いさえすれば、お金を一円も使わずに、楽しく、美しく、幸せになることができるのですよ。

智慧の笑い、無知の笑い

笑いについては少し注意しなくてはいけないこともあります。私が言いたいのは、「笑って幸福になってください」ということであって、「幸福だから笑う」ということではないということです。「笑って幸福になる」という場合の笑いと、「幸福だから笑う」という場合の笑いは、まったく違います。「幸福だから笑う」というと、ちょっと危ないのです。それは無知で、どこかに落とし穴があるからです。

「私は幸福だ。ぜんぶ揃っているんだ。お金もある。だから満足して笑っているんだ」という人は、ひどい目にあうことが多いのです。というのも、そういう世界はあり得ないからです。そもそも世俗的な生き方では、完全な幸福を得ることは不可能です。それなのに完全に幸福だと思って満足すると、その時点でより高度な幸福を目指すことを止めてしまいます。結果として、怠けにつながってしまうのです。

「私は満足だ」「ぜんぶ、完璧になっているんだ」「子供は問題ない」「旦那は問題ない」「奥さんは問題ない」「会社は問題ない」「何も問題はないんだ」「私は幸せだ」「生きていてよかった」などというのは、ただの幸福ボケですよ。ですから、そこに生まれる笑いは、ひどく無知な笑いなのです。

このように、「智慧の笑い」と「無知な怠け者の笑い」という、ふたつを混同しないようにしてください。人間を幸福にするのは、ただバカみたいに無知で笑うということではなくて、「もうちょっと考えて、物事に笑う」という智慧の笑いなのです。

「笑い」を目的にしてはいけない

「笑えばいい」といっても、「笑う」ということに耽《ふけ》ってはいけません。笑うことは目的ではないのですから、「楽しくて楽しくて、笑ってばっかりいて、もう仕事もぜんぶ忘れてしまった」などというのは、正しい笑いではありません。それは麻薬と同じく、面白いものに取り憑かれているだけです。

正しい笑いは、「笑いたいから笑う」のでも「幸福だから笑う」のでもありません。そのふたつを置いておいて、ニコニコと笑うということなのです。

バカな人は笑いたくて笑いたくて、面白い漫才をやっている場所を探してわざわざ出かけ、そこで笑って家に帰るという生活を送っています。そういう人は家では笑わないので、笑える場所に行って無理にでも笑おうとするのです。それは変でしょう？

私が勧めるのは「家の中にいても、家の外にいても笑える。仕事がうまくいっても、仕事が失敗しても笑える」という、自分の心ひとつでいつでもできる笑い方なのです。ですから、笑うためにわざわざどこかに行く必要もありません。

笑う力を鍛えると、世の中は面白い

そんな笑い方ができるようになるには、どうすればいいのでしょうか。

簡単に言えば、いますぐ笑うことです。すぐ笑えば、それだけでもう身についてしまいます。「すぐ笑おう」と思っても、はじめは笑えないかもしれません。それで怒る人もいるんですよ。でも素直な人は「それでも笑わなくてはいけない」と思って、強引に笑っています。

不思議なことに、強引に笑ってみると、そのうち何かおかしいことを自分でどんどん見つけられるようになるのです。いわゆる智慧が冴えてくる状態ですね。だから、二十四時間楽しく生活をする人には、何を見ても何か面白いことが見つかってしまうというわけなのです。

たとえば、子供というものは、どこにいても一分も経たないうちに何か遊ぶことを見つけるでしょう？　何をあげてもどこに連れて行っても構わないのです。一分ぐらいジーッと待っていると、子供は遊び始めますね。「何か」がありさえすれば、子供が遊ぶのには充分なのです。でも、それは小さいときだけなのです。

小さな子供を笑わせることは、すごく簡単なことです。「いない、いない、ばあ」と言うだけで、もう笑ってしまいます。なぜあんなことで笑うのか、子供にはわかっていないと思います。せいぜい「母親が楽しそうだから、自分も楽しい」というぐらいのことしかわかっていないでしょう。

おかしいことを見つけるのは簡単

そういうふうに、私たちも「何があろうとも笑う」と決めたら、おかしいことを見つけるのは難しくありません。不思議なことに、すべての現象には必ず、変なところがあります。世の中に完全なものは何もないのですから、変なところがないものはないのです。本当に、笑いたければ笑う対象はなんでもいいのです。

でも、私が誰かにそれを伝えるには、自分でやって見せるしか方法はないのです。たまに、一緒にいる人に言葉でその方法を教えようしても、さっぱり理解してもらえないのです。だから、仕方なく「私は、自分一人で笑いますよ」と決めて、一人で笑っています。私は顔に出して笑いはしませんが、心の中ではさまざまな現象を笑いの道具にしているのです。

本当に、どんなものの中にも面白いことは見つかります。「何ひとつも完全じゃない」という立場で世界を見れば、笑いのタネがどんどん見つかるのです。

たとえば、雨の中、傘をさして出かけて、電車に乗ったとします。傘を畳むと、傘の先から水が垂れるでしょう？　私は、その水がスーッと流れていけば、「水滴はどこに行くのだろう?」、電車がブレーキをかけたら「今度はどこに行くのだろう?」などと、水滴が動くたびに、「どちらに流れるだろう?」と思いながら見ています。水の流れが電車の床を冒険する様子ひとつとっても、かなり面白いのです。いろんな発見があります。どこにも流れていかない場合は、いろいろな形をしている水に傘の先などで何か細工をします。向かいに座っている人も気づいていないと思いますけれど、私はいつでも、そういうことをやっているのです。

笑いは強者の証明で、怒りは敗北者の烙印です。楽しく生きるために、今、笑いましょう。それで怒りとは無縁です。怒るのは、敢えて失敗を選ぶ愚か者です。智慧ある人は迷わず笑う道を選ぶでしょう。難しいことは何もありません。

How to control anger.

心を鎮めて状況を把握する

「理解すること（understanding）」も大切なポイントです。これは、頭を使って知識的に理解するということだけではなくて、「状況を、その背景も含めて把握する」ということです。そのためには、まず落ち着くことです。

たとえば子供が「学校に行きたくない」と言ったら、我々はたいへんだと、あわててしまいますね。そして「そんなこと言わずにとにかく学校に行きなさい」などと命令してしまいますが、その気持ちがじつは怒りなのです。

もしそこに落ち着きや心の静けさがあって、少しでもこの「理解する」ということを心掛ければ、「この子の心の中に、学校に行きたくない理由があるのだ」というところに考えが及ぶのです。

それがわからない人は、くだらない妄想の概念で「勉強ができなくなったらたいへんだ」とか「そんなことがバレたら、自分はご近所にいったいなんて言えばいいのだ」とか「隣りの奥さんの子供はちゃんと学校に行っているのに」とか、結局自分のことしか考えないのです。それでよく考えもせずに「学校に行け」と言ってしまうのですが、子供は一人の人間であって、母親の奴隷ではありませんよ。

こういう場合は、まず「ああ、そう」と言ってひと呼吸置いてから、状況を感じてみることです。「この子が学校に行きたくない何かがあるんだな」と思えた瞬間に、心に落ち着きが出てきます。

そうなると顔の表情にも「ああたいへんだ」という気持ちは出てこなくなり、ニコニコしたままでいられます。子供にもその余裕はすぐに伝染します。それでこそ「学校に行けないわけでもあるの?」とか「私に何かできることはある?」とか、聞けるのです。自分に何もできない場合でも、「ちょっと私に話してみたら?」ということくらいは言えます。

話の途中で自分のことしか考えない母親に戻ってしまわないように気をつけましょう。その子と心の波長を合わせて話を聞いて、問題を理解するようにすれば、何かしら解決方法が出てくるでしょう。

旦那さんが家に帰ってきたときにすごく不機嫌だったとします。奥さんにもちょっとひどいことを言うかもしれません。

でもここで、奥さんまでムッとして怒って対応してしまったら、絶対にうまくいきません。

こういうときに「あっ、今日はちょっと機嫌が悪いみたい」と落ち着いて考えられれば、穏やかに理由を聞いてみることができるのです。

仕事の世界でもそうです。

ある人が実績を上げたくて、他の人に仕事も情報も与えずに、自分だけでいろいろな仕事をやっているとします。それで会社の状況がどんどん悪くなってくると、落ち着きのない上司の人などは「報告もしないで、勝手に仕事をしてもらっては困るんだ」とすぐに怒ってしまいます。

こういうときも、落ち着きがあれば「この人は自分の実績を上げたくて一所懸命なんだ」とか「これはただの見栄だ」とか、「この人は本当はこの仕事ができないんだ。でも、会社に報告したら、会社は能力のある人に仕事を任せてしまうから、自分だけでやろうとしているんだ」などという背景にある事情を考えてみることができるのです。

そうすると、答えも出てきます。そのままで問題ない場合は、まあ放っておきましょう。放っておくと会社がたいへんだったら「我々がこの仕事をしますから、あなたは他のことをしてください」と落ち着いて言えばいいのです。

そういう「ちょっとした understanding、ちょっとした心の落ち着き」も、怒りをなくすひとつの方法です。

たとえ自分が何か失敗して叱られることになっても、ただ「ああ嫌だ」と思うのではなくて、「自分がこういう失敗をしたから、この人はこういうふうにしゃべっているのだ。失敗はこの程度だから、本当はこう言えばいいんだけど、ちょっと言いすぎだな」などと、客観的に見ていられます。

心の静けさや落ち着きは、その場ですぐに育てられるものなのです。

怒らずにいられない人とのつき合い方

「何があっても怒らない」というのが実践できるようになってきたとします。でも、自分は落ち着いているのだけれど、まわりの人が怒っていることがありますね。この場合、どうすればよいでしょうか?

そういうときはいつも以上に冷静になって、客観的に物事を観ることです。

たとえば会社で部長が怒っていたら、こう考えるのです。

「この人は部長だから、部長の立場でしゃべっているんだ。私も、部長になったら恐らくそうなるだろう。どうせ我々の仕事は失敗ばかりだから、その人は私をいじめざるを得ないんだ。だから、その人も被害者だ」

たとえば姑さんにいじめられているお嫁さんの場合も同じです。

「姑さんは被害者なんだ。自分が今まで女王さまのようにぜんぶ支配していたのに、息子を奪われて、外から来た人にぜんぶ権力を握られている。追い出されて、今では独りぼっちになっているのだから、被害者だ」

このように相手の状況を理解しておけば、すぐそこに解決方法が見えてくるでしょう?

「自分も相手も同じ被害者だ」と思うのもひとつの方法です。

相手と一緒になって怒るのではなく、「この人には自信がなく不安だから、人をいじめよう、けなそう、無視しようとしているのだ。私の能力をバカにしようとしているのは、この人に能力がないからだ。この人は自分の怒りを表しているだけで、かわいそうな被害者だ」と、その人の心を観てあげることです。

他人が吐いたゴミを食べる必要はない

怒りは雪だるま式に大きくなるので、だいたい怒っている人は、怒って怒って、もうたまらない状態になっています。

怒りを自分でなくせない人間は、自分の心に怒りの毒が生まれたら、そのエネルギーを外に出さなくてはいけません。ですから、怒っている人は、そのためにしゃべっているだけなのです。こちらとしてはたいへん迷惑ですが、聞いている側に悪いところはありません。

能力のない上司が有能な部下をけなしているとします。そういう場合は、けなされているほうの部下が、心の中で「この人は歳も取っていて、能力もない。それで自分のことが心配で悩んでいて、そのストレスを発散しているんだ。だから、その状態から救い出してあげよう」と思いながら、その人の話を淡々と聞けばいいのです。

話は聞いてあげても、相手の怒りを感情的に引き受けて気落ちする必要はまったくありません。その人は、自分のからだに溜まったゴミを外に出しているだけなのですから、わざわざ自分がゴミ箱になる必要はありません。

怒っている人の状態は、何かひどいものを食べておなかを壊して吐いているのと同じなのです。その人の言葉や行動は溜まっている毒を出しているだけですから、きれいになって落ち着くまで、思う存分出させてあげましょう。「あの人が吐いたものを食べて、私までおなかを壊す必要はない」という態度でよいのです。

たとえ、もとがどんなに美味しいものであっても、食べて吐いたものを拾ってまた食べるというのは無理でしょう？　怒りもそういうものなのです。怒る人々というのは、自分がまず怒った上で、さらに人を怒らせようとしています。からだに悪いものを食べてそれを吐き、誰かに食べさせようとしているのと同じ状態なのです。

ですから、そんなものを拾って食べてはいけません。まわりの人が怒って話しているのにつられて自分も怒るということは、「腐ったものを食べた人が吐いたものを、拾って食べるようなものだ」と肝に銘じておきましょう。けっして受け入れてはいけないのです。心をそういう状態にまで育てられれば、相手の怒りに対する怒りなど、なんのことはなく即座に消えてしまいます。

「怒らないこと」は奇跡をもたらす

怒っている人や、自分をののしった人に対して怒らないことに一回でも挑戦したら、相手が味方に変わり、誰も損することなく勝てることに驚くはずです。相手は自分を理不尽にののしっているのです。それでも怒らないで、ニコッとして「まあね、心の自由だから。私には人の怒りは管理できないのだから」と穏やかにいたならばどうなるでしょうか。

相手がカンカンに怒っている時でも、気にしないでニコッとしていると、そのうち不思議と相手も怒るのをやめて、やがてニコッと笑うのです。仲良くなってしまうのです。それからはずっと味方になり、もう二度と自分をののしったり怒ったりできなくなるはずです。

これはもう呪文のような、奇跡のようなエネルギーですよ、やってみると。「これってあり得るのか?」と。じつは「怒らないこと」は本物の奇跡を起こすのです。論理的な話だから奇跡とは言いにくいだけで、敵が次から次へとみんな味方になってしまう「奇跡」なのです。

それだけではなく、その不瞋《ふじん》=瞋(怒り)のない状態の力によって、たちまち自信がある人間に成長してしまうのです。やってみて初めて、不貪《ふとん》=貪(欲)のない状態、不痴《ふち》=理性がある状態の善なるエネルギーを感じられるようになります。不貪・不瞋・不痴を感じられたなら、過去のことは安らぎの思い出になるのです。貪瞋痴《とんじんち》で生きていたら、過去なんか見られたものではないでしょう。しかし、貪瞋痴に勝った経験があったなら、それを思い出すといつでも気分がいいのです。

貪瞋痴は自分にも他人にも迷惑なのです。ですから、自分の貪瞋痴に勝つことで、既に、周りに平和と安らぎを与えているのです。

個人が、「平和宣言、平和運動、平和のために戦う、平和のために命を惜しまない」などと踏ん張る必要は全くありません。仏教の世界ではそんな無駄なことをしなくてもいいのです。貪瞋痴を制御する人は灯火のごとく他人に平和の光を放っているのです。自分が貪瞋痴に打ち勝ったなら、自分から平和の光が出てきます。

平和を語る人が強者

怒る人は、精神的にも肉体的にも徹底的に弱いのです。勇気がまったくないから、言葉の暴力で相手を抑えつけてやろうと思っているだけです。社会でも、いろいろな武器をつくって「強くなろう」と思うのは、もとが弱くて情けないからなのです。

逆に言えば、我々は怒らないことによって、精神的にも肉体的にもすごく力強い人間になれるのです。社会的な言葉で言うならば、平和を語る人が強者であり、「負けてはたまらない。戦ってやるぞ」という人は徹底的な弱者なのです。平和に必要なのは勇気です。反対に、戦争は弱さから生まれます。

我々は「怒ることは恰好悪い」と理解して、怒った瞬間に恥ずかしく思うべきなのです。もしも怒ってしまったら、すぐに「ああ、自分は弱いんだ。精神的にも、肉体的にも、弱いんだ」と思ってください。

私がお話ししたことで、けなされたり、ゴミ扱いされたように感じた方がいるかもしれません。でもそれはわざとなのです。そこにもし怒りを感じたならば、「この人は私をけなしているのではないか」と怒るのではなくて、「自分のその怒り」をとことんけなしてください。怒りのことを「汚いゴミだ」「間違いの塊だ」と思ってください。

怒りに対して、恥を感じてください。それくらいしないと、怒りというものは消えないのです。

そういうふうに、すぐにできる怒りを克服する方法はいろいろあるのです。

誰もが幸福に生きられる

「怒り」は、人間の不幸そのものです。私は、人間みんなに素晴らしく幸福に生きていてほしいと思います。たとえ一分、二分でも、三〇秒でも、困ったり悩んだりする必要はありません。

悔しがったり、「ああ負けた。こん畜生」と思ったりするのは不幸です。ですから、心は常に喜びを感じながら、常に明るく、常に楽しく生活していただきたいのです。短い人生ですから、苦しがったり、悩んだりする必要はありません。心構えしだいで、誰もが幸福に生きられるのですから。

そのためには、我々の不幸をつくり出す「怒り」だけは、けっして心の中に入らないようにすることです。そうすれば、すぐその場で、その瞬間に、我々は幸福を味わうことができると思います。それと同時に、怒りを治める訓練を積むことによって、確実に智慧も成長して、物事がどんどん見えてくるようになります。「怒らないこと」を実践することは、智慧を追求して、もっと幸福になるための道でもあるのです。

本作品はサンガより2006年7月に刊行された『怒らないこと』を再編集して文庫化したものです。